塞上江南　神奇宁夏

旅游新贵
——贺兰山东麓葡萄文化旅游长廊

童碧莎　武晓霞　编著

中国建筑工业出版社

图书在版编目（CIP）数据

旅游新贵——贺兰山东麓葡萄文化旅游长廊／童碧莎，武晓霞编著. —北京：中国建筑工业出版社，2015.5
（塞上江南　神奇宁夏）
ISBN 978-7-112-18126-1

Ⅰ. ①旅…　Ⅱ. ①童…②武…　Ⅲ. ①贺兰山－旅游区－介绍－宁夏 Ⅳ. ①K928.3

中国版本图书馆CIP数据核字（2015）第102629号

责任编辑：孙立波　马　彦　郑淮兵
责任校对：李美娜　赵　颖

塞上江南　神奇宁夏

旅游新贵——贺兰山东麓葡萄文化旅游长廊

童碧莎　武晓霞　编著

*

中国建筑工业出版社出版、发行（北京西郊百万庄）
各地新华书店、建筑书店经销
北京锋尚制版有限公司制版
北京顺诚彩色印刷有限公司印刷

*

开本：787×1092毫米　1/32　印张：4⅞　字数：195千字
2015年6月第一版　2015年6月第一次印刷
定价：56.00元
ISBN 978－7－112－18126－1
（27363）

（邮政编码 100037）

壹 葡萄美酒

贰 明星产区

叁 天然佳果

列级酒庄

伍 紫色梦想

陆 玉液琼浆

醉美之旅

旅游新贵

旅游新赏

壹 葡萄美酒

Discover our Wine Cave
Join your Guide for a Relaxed Informative 1/2 hour tour of the Vineyard and Wine Cave.
Walk Underground into New Zealand's largest underground Wine Cave and experience the unique atmosphere.
Enjoy three wine tastings and a barrel tasting.
Tours depart on the hour, every hour
10 AM - 4 PM
Tickets sold at the Cellar Door.
Gibbston Valley

一、源远流长的世界葡萄酒文化

葡萄是果品中最古老的种类之一，据科学家考证，在新生代第三地层内就发现了葡萄叶和种子的化石，这证明葡萄已经有650多万年的历史了。而今葡萄已经成为当今世界上人们喜食的第二大果品，其产量占全世界水果类产量的四分之一。在全世界的果品生产中，葡萄的产量及栽培面积一直位居榜首。葡萄除作为鲜果食用外，主要用于酿酒。

色、香、味俱佳的葡萄酒

葡萄酿酒的历史源远流长，据史料记载，在外高加索地区发现的约一万年前（新石器时代）大量的葡萄种子，说明当时葡萄不仅仅用于吃，更主要用来榨汁酿酒。专家推测，葡萄种植和葡萄酒酿制方法后来随着古代战争、贸易和移民等原因，逐渐传至各地。

埃及古墓壁画中描绘的酿制葡萄酒场景

埃及古墓中发现的大量遗迹、遗物可以证明，在5000年前的古代埃及，葡萄酒已经比较普及了。考古学家在尼罗河河谷地带的墓葬群中发现一种底部小圆，肚粗圆，上部颈口大形状特殊的土罐陪葬物品。经考证，这是古埃及人专门用来装葡萄酒的土陶罐，这足以说明早期古代埃及葡萄酒进入人们生活中由来已久。在古埃及历代的浮雕作品中，也有很多描绘古埃及人栽培、采收葡萄、酿制步骤和饮用葡萄酒的情景，西方学者认为，这意味着人类葡萄酒业的正式发端。

古希腊葡萄酒之神巴格斯

希腊应该是欧洲最早开始种植葡萄与酿制葡萄酒的国家，一些航海家从尼罗河三角洲带回葡萄和酿酒的技术。葡萄酒逐渐普及开来，并成为希腊人生活的一部分。在遥远的迈锡尼（Mycenaens）时期（公元前1600—前1100年），希腊的葡萄种植已经十分兴盛。据考证，古希腊爱琴海盆地农业发达，其中葡萄种植便是一项重要产业，绝大部分葡萄果实则用于酿酒。葡萄酒在希腊人生活中占据十分重要的地位，因为几乎每个希腊人都有饮用葡萄酒的习惯。每年希腊人都会举行葡萄酒庆典来崇拜希腊神话中酒神狄奥尼索斯，可见葡萄酒业在当时的兴盛。希腊酿制的高质量的葡萄酒除了自销之外，其他全部出口到埃及、叙利亚、黑海地区、西西里和意大利南部地区。在地中海沿岸发掘的大量容器足以说明当时的葡萄酒贸易规模和路线，显示出葡萄酒是当时重要的贸易货品之一。

后来，罗马人从希腊人那里学会了葡萄栽培和葡萄酒酿造技术，并在意大利半岛全面推广葡萄酒，很快就传到了罗马，让葡萄酒成为罗马文化中不可分割的一部分，并为罗马帝国的经济作出了巨大的贡献。葡萄酒也经由罗马人之手传遍了全欧洲。公元1世纪时传至罗讷河谷；2世纪时葡萄树遍布整个勃艮第和波尔多；3世纪时又传抵卢瓦尔河谷；最后在4世纪时出现在香槟区和摩泽尔河谷，让原本非常喜爱啤酒的高卢人也很快被葡萄酒征服，并且成为杰出的葡萄果农。由于他们所生产的葡萄酒在罗马大受欢迎，使得罗马皇帝杜密逊不得不下令拔除高卢一半的葡萄树以保证罗马本地的葡萄果农的收入。

随着罗马帝国势力的慢慢扩张，葡萄和葡萄酒传遍法国东部、西班牙、英国南部、德国莱茵河流域和多瑙河东边等地区。甚至有历史学家将古罗马帝国的衰亡归咎于古罗马人饮酒过度而人种退化。

到中世纪，由于基督教在弥撒典礼中需要用到葡萄酒，这激发了葡萄酒业的发展。西罗马帝国的基督教修道院详细记载了关于葡萄的收成和酿酒的过程。这些巨细靡遗的记录有助于培植出在特定农作区最适合栽种的葡萄品种。葡萄酒在中世纪的发展得益于基督教会。《圣经》中521次提及葡萄酒。耶稣在最后的晚餐上说：“面包是我的肉，葡萄酒是我的血”，因此基督教把葡萄酒视为圣血，教会人员把葡萄种植和葡萄酒酿造作为工作。葡萄酒随传教士的足迹传遍世界。

一百多年前的法国葡萄酒农

中世纪之后的文艺复兴时代，葡萄酒被视为快乐的泉源、幸福的象征。葡萄酒又从神的祭品转换为人的饮品。到15、16世纪，欧洲最好的葡萄酒被认为就出产在这些修道院中，而勃艮第地区出产的红酒，则被认为是最上等的佳酿。这样的情节经常出现在油画作品中，甚至可以经常见诸于16世纪挂毯上。

17、18世纪前后，法国开始雄霸整个葡萄酒王国。尤其在1789年法国大革命后，由于修道院的解散

丰收的季节

和旧制度的贵族庄园被清算，波尔多和勃艮第地区的葡萄园也化整为零，逐渐成为葡萄酒的两大主要产区。波尔多和勃艮第地区的葡萄酒始终是世界葡萄酒业的两大支柱，代表了主要不同类型的高级葡萄酒：波尔多的厚实和勃艮第的优雅，成为酿制葡萄酒的基本准绳。上等的波尔多和勃艮第优质葡萄酒的确从来没有大规模发展过；在它们优良土壤上培育长出的一代代优质葡萄加以特殊、精良的酿造工艺才造就出尽善尽美的葡萄酒品质。然而这两大产区都采取小桶小批量生产，因而产量有限，并不能满足全世界所需。当然这也正是两大葡萄酒成为世界稀贵之所在。从那时起至今，它们都是身份和品位的象征。

以法国、意大利、西班牙为主的欧洲产区，由于拥有悠久的葡萄酒酿造历史，而被称为旧世界产区。旧世界产区注重葡萄酒个性，通常种植为数众多、品种各异的葡萄。在葡萄园管理方面主要依赖人工，并严格限制葡萄产量来保证葡萄酒的质量。随着哥伦布对新大陆的发现，西班牙和葡萄牙的殖民者、传教士在16世纪将欧洲的葡萄品种、葡萄栽培和葡萄酒酿造技术传入南非、澳大利亚、新西兰、日本、朝鲜和美洲等地，逐渐造就了新世界产区。新世界产区以美国、澳大利亚为代表，还有南非、智利、阿根廷和新西兰等欧洲之外的葡萄酒新兴国家。新世界葡萄酒更崇尚技术，多倾向于工业化生产，在企业规模、资本、技术和市场上都有很大的优势。这样，葡萄酒逐渐在全世界遍地开花，成为一种世界化的饮品。

二、跌宕起伏的中国葡萄酒发展史

我国是葡萄属植物的起源中心之一，原产于我国的葡萄属植物约有42种，包括主要分布在我国东北、北部及中部的山葡萄，产于中部和南部的葛藟，产于中部至西南部的刺葡萄，分布广泛的蘡薁等等。

葡萄，我国古代曾叫“蒲陶”、“蒲萄”、“蒲桃”、“葡桃”等，葡萄酒则相应地叫做“蒲陶酒”等。李时珍在《本草纲目》中写道：“葡萄，《汉书》作蒲桃，可造酒，人酺饮之，则醄然而醉，故有是名。”“酺”是聚饮的意思，“醄”是大醉的样子。按李时珍的说法，葡萄之

晶莹剔透的葡萄

所以称为葡萄，是因为这种水果酿成的酒能使人饮后醄然而醉，故借“酺”与“醄”两字，叫做葡萄。

我国的栽培葡萄从西域引入后，先至新疆，经甘肃河西走廊至陕西西安，其后传至华北、东北及其他地区。

我国最早有关葡萄的文字记载见于《诗经》。如《诗·周南·蓼木》：“南有蓼木，葛藟累之；乐只君子，福履绥之。”所反映的就是西周时期人们采集并食用各种野葡萄的情景。

而在《周礼·地官司徒》中也有记载：“场人，掌国之场圃，而树之果蓏、珍异之物，以时敛而藏之。”译成今文就是：“场人，掌管廓门内的场圃，种植瓜果、葡萄、枇杷等物，按时收敛贮藏。”这意味着在约3000年前的周朝，我国已有了人工种植的葡萄园，人们也已经知道怎样贮藏葡萄。在当时，葡萄是皇室果园的珍异果品。

而中美科学家对距今9000年—7000年河南舞阳县贾湖遗址的最新研究结果表明，该遗址中发掘的陶器中装的是葡萄酒。这不仅推前了世界葡萄酒的人工酿造历史，同时也证明中国在远古时代就有自己的葡萄酒。然而，目前在学界普遍的说法更倾向于汉代引进说，即汉代

张骞出使西域图

张骞将葡萄酒从西域引入。

汉代出现的很多关于葡萄酒的资料大都和张骞有关系。据记载我国的欧亚种葡萄是在汉武帝建元年间，由历史上著名的大探险家张骞出使西域时（公元前138—前119年）从大宛带来的。《史记·大宛列传》："宛左右以蒲陶为酒，富人藏酒至万余石，久者数十岁不败。俗嗜酒，马嗜苜蓿。汉使取其实，于是天子始种苜蓿、蒲陶肥饶地。及天马多，外国使来众，则离宫别馆旁尽种蒲陶、苜蓿极望。"大宛是古西域的一个国家，在中亚费尔干纳盆地。这一例史料充分说明我国在西汉时期，已从邻国学习并掌握了葡萄种植和葡萄酿酒技术，甚至还引进了酿酒师。可见汉武帝对此事的重视，并且葡萄的种植和葡萄酒的酿造都达到了一定的规模。

值得注意的是，葡萄酒的酿造过程比黄酒酿造要简化，但是由于葡萄原料的生产有季节性，终究不如谷物原料那么方便，加之汉代之后，中原地区葡萄种植得不到大量推广，因此葡萄酒的酿造业并没有很大起色。在历史上，内地的葡萄酒，一直是断断续续维持下来的，而质地精优的葡萄酒则仍然是多来自西域，是以贡酒的方式向皇室进贡而得之。在开放繁荣的时代更有胡人在内地还开设酒店，销售西域的葡萄酒。

到了东汉末年，由于战乱和国力衰微，葡萄种植业和葡萄酒业极度困难，葡萄酒异常珍贵。《三国志・魏志・明帝纪》中，裴松之注引汉赵岐《三辅决录》："（孟）佗又以蒲桃酒一斛遗让，即拜凉州刺史。"说的是孟佗贿赂给张让葡萄酒，得凉州刺史之事。汉朝的一斛约为现在的20升。可见当时葡萄酒身价之高。

到了魏晋及稍后的南北朝时期，葡萄酒的消费和生产又有了恢复和发展。有不少史料记载了公元4—8世纪期间吐鲁番地区葡萄园种植、经营、租让及葡萄酒买卖的情况。从这些史料可以看出在那一历史时期葡萄酒生产的规模是较大的。

魏晋葡萄酒受喜爱的程度在魏文帝《诏群医》的诏书中可见一斑，书曰："三世长者知被服，五世长者知饮食。此言被服饮食，非长者不别也。……中国珍果甚多，且复为说蒲萄。当其朱夏涉秋，尚有余暑，醉酒宿醒，掩露而食。甘而不饴，酸而不脆，冷而不寒，味长汁多，除烦解渴。又酿以为酒，甘于鞠蘖，善醉而易醒。道之固已流涎咽唾，况亲食之邪。他方之果，宁有匹之者。" 作为帝王在诏书中大谈自己对葡萄和葡萄酒的痴迷可谓罕见，并成后世之谈资。

有了魏文帝的提倡和身体力行，葡萄酒业得到恢复和发展，使得在后来的晋朝及南北朝时期，葡萄酒文化日渐兴起。这在当时的不少诗文里都有反映。

陆机在《饮酒乐》中写道："蒲萄四时芳醇，琉璃千钟旧宾。"《饮酒乐》中的"蒲萄"是指葡萄酒。诗中描绘的是当时上流社会一年四季都可以喝到葡萄美酒，说明这时的葡萄酒决非汉灵帝时孟佗用来贿官时的价格，而是已经比较普及了。

两百多年后南北朝时期的庾信（513—581）在他的七言诗《燕歌行》中则写道：

蒲桃一杯千日醉，无事九转学神仙。
定取金丹作几服，能令华表得千年。

诗中将饮用葡萄酒与服用长生不老的金丹相提并论，可见当时已经认识到葡萄酒是一种健康饮料。

魏晋南北朝时期，在种植张骞引进的欧亚种葡萄的同时，也人工种植我国原产的葡萄，这可从当时的诗文中反映出来。曹操的小儿子曹植在《种葛篇》中有"种葛南山下，葛藟自成阴。与君初婚时，结发恩义深"的诗句。

唐初高祖李渊、太宗李世民都十分钟爱葡萄酒，唐太宗还喜欢自己动手酿制葡萄酒。据《太平御览》："（唐）高祖（李渊）赐群医食于御前，果有蒲萄。侍中陈叔达执而不食，高祖问其故。对曰，臣母患口干，求之不能得。高祖曰，卿有母可遗乎。遂流涕呜咽，久之乃止，固赐物百段。”由此可见，在唐初，经过战乱，葡萄种植与酿酒基本已萎缩，连朝中大臣的母亲病了想吃葡萄而不可得，只有在皇帝宴请大臣的国宴上方有鲜葡萄。这时葡萄与葡萄酒的价格恐怕不低于汉末的身价。

到盛唐时期，国力强盛，文化繁荣，喝酒已不再是王公贵族、文人名士的特权，老百姓也普遍饮酒。由于社会风气开放，不仅男人喝酒，女人也普遍饮酒。女人丰满是当时公认的美，女人醉酒更是一种美。唐明皇李隆基特别欣赏杨玉环醉韵残妆之美，常常戏称贵妃醉态为“岂妃子醉，是海棠睡未足耳。”当时，女性化妆时，还喜欢在脸上涂上两块红红的胭脂，是那时非常流行的化妆法，叫做“酒晕妆”。

唐代文学发达，很多文人骚客因酒得文，李颀、王绩、李白、韩愈及王翰等等，都留下了很多关于葡萄酒的脍炙人口的诗篇。

到宋代，由于唐末战乱导致葡萄酒业大量萎缩，中土的葡萄酒酿制方法已经失传，那时的葡萄酒大体是根据《北山酒法》酿制，是用葡萄、米加酒曲酿制而成，味道并不是很好。

反映我国饮酒文化的古代雕塑

尽管也有文人苏东坡等赞美葡萄酒的诗句，但究其品质可能已无法与汉代张骞引入的葡萄酒相提并论。据记载那时上等的葡萄酒仍然基本都是从西域运来。

到了南宋，小朝庭偏安一隅。当时的临安虽然繁华，但葡萄酒却因为太原等葡萄产区已经沦陷，显得稀缺且名贵。陆游的《夜寒与客烧干柴取暖戏作》："如倾潋潋蒲萄酒，似拥重重貂鼠裘"之句把喝葡萄酒与穿貂鼠裘相提并论，可见当时葡萄酒的珍稀。

元朝立国虽然只有90余年，却是我国古代社会葡萄酒业和葡萄酒文化的鼎盛时期。元世祖忽必烈至元年间，祭宗庙时，所用的牲斋庶品中，酒采用"湩乳、葡萄酒，以国礼割奠，皆列室用之"。至元二十八年五月（1291年），元世祖在"宫城中建葡萄酒室"（《故宫遗迹》），促进了葡萄酒业的发展。在当时元大都宫城制高点的万岁山广寒殿内，还放着一口可"贮酒三十余石"的黑玉酒缸，名为"渎山大玉海"。此缸至今尚存于北海团城，是元朝帝后嗜饮葡萄酒、马奶酒的历史见证。

渎山大玉海

元代葡萄种植面积之大，地域之广，酿造葡萄酒数量之多，都是前所未有的。由于葡萄酒的珍贵，葡萄酒成了王公贵族享受的奢侈用品，而普通农民和大量下层社会的群众，迫于生活的压力，只有在需要时可以少量饮用点黄酒。

在元朝葡萄栽培不仅政府重视，确也达到了相当的栽培水平。甚至在《农桑衣食撮要》（当时被称为"最好的农家月令书"）的书中，有关于葡萄插栽的专门介绍。以此可见最高统治者对葡萄业的重视。

此外，为了保证官用葡萄酒的供应和质量，据明朝人叶子奇撰《草木子》记载，元政府还在太原与南京等地开辟官方葡萄园，并就地酿造葡萄酒。其质量检验的方法也很奇特，每年农历八月，将各地官酿的葡萄酒取样"至太行山辨其真伪。真者下水即流，伪者得水即冰冻矣。"

在朝廷重视 、各级官员身体力行、农业技术指导具备、官方示范种植的情况下，元朝的葡萄栽培与葡萄酒酿制有了很大的发展。葡萄种植业的空前发展和饮用葡萄酒的普及，使得元朝葡萄酒发展也具备一定规模，这在各种形式的文学作品中都得到反映。诸多的诗词歌赋及著名的元代散曲都散发着浓郁的葡萄酒文化气息，而葡萄酒文化又浸润着整个社会生活，影响着几乎遍及社会生活的方方面面。

葡萄酒文化融入文化艺术各个领域。除了大量的葡萄酒诗外，在元朝画葡萄也是一种时髦。比如，鲜于枢的《观寂照葡萄》，傅若金的《题墨葡萄》、《题松庵上人墨葡萄松鼠》、《墨葡萄》，张天英的《题葡萄竹笋图》，吴澄《跋牧樵子葡萄》等，而在元朝众多的葡萄画中，最有名的则要数温日观的葡萄了，他于一笔中带有深浅不同之墨色画叶，并以深墨点染仍带湿润之葡萄，表现出明暗和体积，颇显自然逼真，人称“温葡萄”。以上都充分印证了葡萄酒在元代社会生活中始终占据着十分重要的地位。

《水墨葡萄》——元代温日观作品

明朝是酿酒业大发展的新时期，酒的品种、产量都大大超过前世。明代徐光启的《农政全书》卷三十中曾记载了我国栽培的葡萄品种有：“水晶葡萄，晕色带白，如着粉，形大而长，味甘；紫葡萄，黑色，有大小二种，酸甜二味；绿葡萄，出蜀中，熟时色绿。至若西番之绿葡萄，名兔睛，味胜糖蜜，无核则异品也；琐琐葡萄，出西番，实小如胡椒，……云南者，大如枣，味尤长。”

明朝虽也有过酒禁，但大致上是放任私酿私卖的，政府直接向酿酒户、酒铺征税。由于酿酒的普遍，不再设专门管酒务的机构，酒税并入商税。据《明史·食货志》，酒就按“凡商税，三十而取一”的标准征收。这样，极大地促进了蒸馏酒和绍兴酒的发展。

而相比之下，葡萄酒则失去了优惠政策的扶持，不再有往日的风光。明朝人谢肇淛撰写的《五杂俎》对明代政治、经济、社会、文化有较多的论述证辩。书中记载：“北方有葡萄酒、梨酒、枣酒、马奶酒。南方有密酒、树汁酒、椰浆酒”。而明朝人顾起元所撰写的《客座赘语》中则对明代的数种名酒进行了品评：“计生平所尝，若大内之满殿香，大官之内法酒，京师之黄米酒，……绍兴之豆酒、苦蒿酒，高邮之五加皮酒，多色味冠绝者。”并说：“若山西之襄陵酒、河津酒，成都之郫筒酒，关中之蒲桃酒，中州之西瓜酒、柿酒、枣酒，博罗之桂酒，余皆未见。”《客座赘语》多载明故都南京故实，而于嘉靖、万历年间社会经济、民情风俗的变化尤为注意。顾起元所评价的数十种名酒都是经自己亲自尝过的，包括皇宫大内的酒都喝过了，可葡萄酒却没有尝过，可见当时葡萄酒并不怎么普及。

尽管在明朝葡萄酒不及白酒与绍兴酒流行，经过一千多年的发展，毕竟已有相当的基础，在明朝的一些文学作品，甚至民间文学中也都有反映。如冯梦龙收集整理的《童痴一弄·挂枝儿·情谈》：

“圆纠纠紫葡萄闸得恁俏，红晕晕香疤儿因甚烧？扑簌簌珠泪儿（不住在）腮边吊”。——民间小曲都把紫葡萄编了进去，可见葡萄在当时还是较流行和易获得的。

明朝李时珍所撰《本草纲目》也对葡萄酒的酿制以及功效作了研究和总结，并大致介绍了几种酿制方法：一种是不加酒曲的纯葡萄汁发酵；另一种方法，是要加酒曲的；还有一种方法是葡萄烧酒法，这是类似于今天称为“白兰地”的葡萄酒。

到清末民国初期，我国葡萄酒业迎来了发展的转折期。由于西部的稳定，这一时期葡萄种植的品种增加。葡萄酒生产和加工也随之得到发展。清朝后期，由于海禁的开放，葡萄酒的品种明显增多。除国产葡萄酒外，还有多种进口酒。据《清稗类钞》：“葡萄酒为葡萄汁所制，外国输入甚多，有数种。不去皮者色赤，为赤葡萄酒，能除肠中障害。去皮者色白微黄，为白葡萄酒，能助肠之运动。别有一种葡萄，产西班牙，糖分极多，其酒无色透明，谓之甜葡萄酒。最宜病人，能令精神速复”。《清稗类钞》还记载了当时北京城有三种酒肆，一种为南酒店，一种为京酒店，还有一种“药酒店”，则为烧酒以花蒸成，其名极繁，如玫瑰露、茵陈露、苹果露、山楂露、葡萄露、五茄皮、莲花白之属。凡以花果所酿者，皆可名露。由此可知，当时的药酒店还出售白兰地酒。据清《西域闻见录》载：“深秋葡萄熟，酿酒极佳，饶有风味。”“其酿法纳果于瓮，覆盖数日，待果烂发后，取以烧酒，一切无需面蘖。”这可是地道的葡萄蒸馏酒。

清末民国初，葡萄酒不仅是王公、贵族的饮品，在一般社交场合以及酒馆里也都饮用。这些都可以从当时的文学作品中反映出来。曹雪芹的祖父曹寅所作的《赴淮舟行杂诗之六一相忘》写道：“绿烟飞蛱蝶，金斗泛葡萄。”此句告诉我们，葡萄酒在清朝仍然是上层社会常饮的樽中美酒。

纵观汉武帝时期至清末民国初的2000多年，中国的葡萄酒产业经历了从创建、发展到繁荣的不同阶段，其中，有过繁荣和鼎盛，也有过低潮和没落，与之相随而行的是绵延不断、流传至今灿烂的中国葡萄酒文化。葡萄酒文化极大地丰富和发展了中华的民族文化，并成为其中的一个重要组成部分；它真实地记载和再现了中国葡萄与葡萄酒产业的发展历程，同时也有力地促进了我国葡萄酒业的繁荣。

贰 明星产区

一、塞北江南旧有名

宁夏回族自治区位于祖国大西北东北部，居黄河中上游，北恃贺兰山，南凭六盘山，黄河横穿全境。其历史文化悠久，为古代华夏文明的摇篮之一。早在25000年前的旧石器时代，人类就曾在这块大河两岸的沃土上劳动、生息、繁衍，直到今天，宁夏一直为西北富庶之地，素有“塞上江南”的美誉。

由于黄河贯穿境内，支汊繁多，因而古宁夏水系十分发达。加之历代政府重视水利开拓，所以农业和畜牧业都很发达。秦汉时代，宁夏已经“富名遐迩天下”；黄河南岸广大新垦区“冠盖相望”。宁夏地域日照时间长，夏季无酷暑，昼夜温差大，这样的天气对农作物的生长十分有利，宜于瓜果的糖分贮存。当地出产的瓜果含糖量要比中原地区高出15%～20%左右。所以宁夏的农业和种植业自古就十分发达。

自西汉冒险家张骞将葡萄种植及酿制方法传入中原之后，葡萄及葡萄酒在发达的中原旋即普及，这也带动了丝路沿途的葡萄种植酿制的热潮。尽管各朝代由于历史情况多有差异而导致葡萄酒业盛衰不一，但丝路沿途从新疆吐鲁番到山西关内有关葡萄种植和酿造的记载却不绝于史册。宁夏作为丝路中水土气候最适合果类种植的地域之一，葡萄种植加工及葡萄酒酿造自然都比较发达。

隋唐时期，韦蟾诗句“贺兰山下果园成，塞北江南旧有名”，描述的即是宁夏贺兰山下葡萄及瓜果种植的壮观景象；即便在两宋时期，中原葡萄酒市场比较萎缩，西夏境内仍是“丛林果木皆增盛”的繁荣景象，成为输入中原的葡萄酒主要产地。元代，由于政府的大力提倡，宁夏葡萄园面积之广，葡萄酒酿制数量之巨可谓前无古人。元世祖时，翰林侍读郝经有“忽忆河陇秋，满地无歇空”、“一派玛瑙浆，倾注百千瓮”的著名诗句，讲的即是今天的宁夏和甘肃一带葡萄种植密密相连无有间隙的景象，而玛瑙一样的优质葡萄酒则注满千百酒瓮，可见当时葡萄酒生产规模蔚为壮观。马祖常在《灵州》中也有“乍人西河地，归心见梦余。 葡萄怜美酒，苜蓿趁田居”之句。诗中描绘的是灵州葡萄酿酒和苜蓿种植的情景。灵州即今天宁夏的灵武市一带，而马祖常时任礼部尚书，这位达官贵人的诗可以印证当初宁夏葡萄酒受人喜爱的程度。明清时

丰富的葡萄品种

期，贺兰山东麓地区种植的锁锁葡萄更是远近闻名，食味极甜爽鲜美，除酿酒之外，也可制葡萄干，成为深受内地喜爱的特产。

二、贺兰山东麓的紫色奇迹

2011年4月，世界最著名的葡萄酒大赛之一——《品醇客》大赛在英国伦敦举办。当宁夏贺兰晴雪酒庄带着加贝兰2009报名参赛时，评委会划定的产区上还根本没有宁夏。让评委会大吃一惊的是，正是这款没有“产区”的葡萄酒，最终击败所有对手，获得了10英镑以上波尔多类型红葡萄酒最高奖。非但如此，她的姐妹——与加贝兰有着同样出身地的经典霞多丽白葡萄酒摘取了银奖，雷司令白葡萄酒揽到铜奖。宁夏贺兰山东麓，以一种“中国意义”被标识到世界著名媒体的报纸和专业杂志上。

葡萄酒大赛获大奖的“加贝兰”

2011年9月7日，《品醇客》世界葡萄酒大赛颁奖典礼在英国伦敦皇家歌剧院举行，从惊奇、怀疑、热议到信服，世界把掌声送给了中国宁夏的贺兰山东麓。

对于像梦一样“杀出”的这匹贺兰山东麓葡萄酒黑马，法国《巴黎人报》在报道的开头这样写道：这是葡萄酒世界的革命，最好的波尔多式的酒不都是来自法国，至少伦敦《品醇客》大赛的评审这么认为；英国《每日电讯》发出“中国葡萄酒正在击败法国”的声音；美国《洛杉矶时报》提出“中国葡萄酒业是否也走在取代西方的道路上”的观点。《品醇客》大赛负责人则权威评价说：“这是中国开始进入世界优质葡萄酒生产国行列的标志。”

惊喜不仅仅是来自伦敦，还有北京。

2012年12月，由美国人组织，在北京举行了一场中国与法国葡萄酒的盲评活动。葡萄酒专家分别品尝了5款产自法国的葡萄酒和5款产自中国的葡萄酒。结果，来自贺兰山东麓产区的葡萄酒夺得前4名。

对于这个结果，波尔多葡萄酒专家Nathalie Sibille评价称，中国葡萄酒“表现非常、非常出色，宁夏产区具有很大的潜力。”同时，专家称中国生产的葡萄酒质量越来越高，尤其是宁夏产区。

贺兰山东麓产区优质葡萄酒

宁夏志辉源石酒庄山之子干红

西夏王葡萄酒厂（原玉泉营葡萄酒厂）

近四年来，贺兰山东麓葡萄酒不断在国内外葡萄酒大赛上摘金揽银，获得各种奖项近百个。业内人士称贺兰山东麓为获奖明星产区。

品牌价值的提升直接推动了贺兰山东麓葡萄酒的热销。加贝兰2009红葡萄酒获奖后，北京的经销商直接把价格从原来的几百元提高到上千元。这片“黄金地带”，不知还有多少惊喜等在前面。

宁夏葡萄产业能够在如此短的时间内迅速崛起，也是经历了漫长曲折的发展历程。

宁夏葡萄产业的发展可以追溯到改革开放之初。1982年，西北农林科技大学副校长、葡萄酒学院终身名誉院长、中国葡萄酒首席专家李华从法国留学回来后，意外发现贺兰山东麓的冲积扇地区，气候条件、土壤条件特别适宜生产高品质的酿酒葡萄。

1984年，宁夏第一家葡萄酒厂——宁夏玉泉营葡萄酒厂正式成立，从山东、东北等地引进十几个酿酒葡萄品种，掀开了宁夏种植酿酒葡萄的历史。在玉泉营农场的带动下，到2002年，宁夏的酿酒葡萄发展到了7万亩，规模已经不小。

天有不测风云。2002年冬季一场罕见的低温冻害，让宁夏酿酒葡萄产业遭遇了一场“寒流”。次年，缺少防护措施的葡萄大面积受冻，农户开始挖苗毁园，酿酒葡萄种植面积从7万多亩下降到4.5万亩左右。

虽然那一年4月，国家质检局批准贺兰山东麓葡萄酒为国家地理标志保护产品，可人们提葡萄色变，质疑声不断："宁夏真的是发展葡萄酒产业的宝地吗？贺兰山东麓能行吗？"

紧要关头，自治区政府及时召开现场会，改革管理机制；组织葡萄主产区负责人到烟台、昌黎、张家口等我国主要葡萄产区考察取经；邀请李华等数名国内知名葡萄酒专家来宁夏"把脉开方"，破解制约宁夏葡萄产业发展的瓶颈。接着，自治区政府又出台了《关于加快葡萄产业发展的实施意见》，将葡萄产业确定为优势特色产业，列入了宁夏农业产业化发展纲要。一系列举措，虽然扭转了葡萄产业急速下滑的态势，但防止冻害的技术难题依然找不到答案。

上下求索，苦苦思考，一个念头"神示"般提醒了赵世华等技术骨干：新疆吐鲁番的葡萄生长在沟里霜冻无虞，宁夏的葡萄栽在沟里是不是能免过冻害？大家当即试验，将以前栽在平地上的葡萄栽在低于地面30厘米的深沟里。次年，沟栽葡萄安然越冬，埋土防冻沟栽法一举成功。随后，"一清三改"栽培技术应运而生，有效阻止了冻害。

技术的突破治疗了贺兰山东麓葡萄产区的"致命伤"，宁夏葡萄产业走过寒冬春光又现。之后，农户种植葡萄的热情升温，收购价格从每公斤1.2元"窜"到每公斤3元至3.2元，甚至高过烟台和昌黎产区，葡萄种植面积迅速扩大，成为国内最大的酿酒葡萄产区。

2003年4月，国家批准对贺兰山东麓葡萄酒实施原产地域产品保护。

2005年，就在宁夏葡萄产业重回春天之时，玉泉营、青铜峡等地的农民发现，葡萄园里多了一些陌生人，他们打听并比较着贺兰山东麓哪块地方的葡萄最好，并把调查结果记在一个小本本上。

到了葡萄收获季节，这些人"按本索骥"四处收购。老乡们一打听，才知陌生人来自中国葡萄酒"三巨头"之一的王朝公司。"几年间我们在这里采集了4000多个数据，研究证明，贺兰山东麓是世界上最好的酿酒葡萄产区之一。"王朝公司一位酿酒师后来坦言。除了王朝，张裕、长城、威龙等国内著名葡萄酒企业都盯上了贺兰山东麓，悄悄在宁夏收购葡萄。有一年，这些公司还为抢购优质葡萄互相抬价。

法国酩悦轩尼诗酒庄落户宁夏

2007年，王朝对外宣布：公司售价千元以上的葡萄酒原料，都来自贺兰山东麓，王朝的优质葡萄酒瓶上也贴上了"原料来自贺兰山东麓"的商标。

与宁夏合作的轩尼诗

此后，国内著名葡萄酒企业对贺兰山东麓酿酒葡萄的青睐不再羞羞答答，而是挥师西进，纷纷在宁夏建厂，如今王朝、张裕、长城均已在宁夏拥有了酿酒葡萄基地和生产车间。

纷至沓来的还有国际著名葡萄酒企业。2008年，世界最大的葡萄酒销售商保罗利加与贺兰山葡萄酒业公司合作；2011年，世界著名葡萄酒企业轩尼诗组织美国、澳大利亚等国的世界级专家对中国几大葡萄产区进行两年多的反复评估后，最终“良鸟择枝”选定了贺兰山东麓，投资建设了拥有1000多亩葡萄园的酒庄，专门生产高档起泡酒。轩尼诗一位负责人感叹：“这两年贺兰山东麓适合种植酿酒葡萄的整片地快被抢完了，轩尼诗来晚了。”

国内外葡萄酒巨头的扎堆进入，带动了贺兰山东麓土地价格的飙升，过去每亩数千元无人问津的土地身价涨到每亩几万元，而且一地难求。

“贺兰山东麓产的葡萄酒，成酒香气发育完全，色素形成良好。这里是上帝赐给宁夏的一块宝地。”国际葡萄与葡萄酒协会理事阿兰教授如此评价。

贺兰山东麓，以其无与伦比的“唯一”，“hold”住了世界的眼睛。

三、好葡萄酒是“种出来的”

葡萄酒行内公认的一个观点是葡萄酒的品质是“种”出来的，所谓“七分栽种，三分酿造”，即酿酒葡萄的品种、品质从根本上决定葡萄酒的品质、风格、价值。

当今世界上著名的葡萄产区都有其共同的特点，即这些产区都有适宜葡萄生长的自然条件，具体包括气候、土壤、当年的天气状况等三要素（国外称为风土条件）。

1. 气候条件

在世界上十多种气候类型中，只有地中海气候最适宜酿酒葡萄的生长。地中海气候的特点是冬季受西风带控制，锋面气旋活动频繁，气候温和，最冷月均温度在4～10℃之间，降水量丰沛。夏季在副热带高压控制下，气流下沉，气候炎热干燥，云量稀少，阳光充足。全年降水量300～1000毫米，冬季半年约占60%～70%，夏季半年只有30%～40%。副热带高压带最大影响纬度范围是南北纬20～40度，西风带最大影响纬度范围是南北纬30～60度，两种气候带重叠的范围是南北纬30～40度之间，提供干燥炎热而少雨的条件，也就是说北纬30～40度是世界种植葡萄公认的“黄金”地带。属于地中海气候特点的地区有地中海沿岸的希腊、意大利、法国、西班牙等国；北美洲的加利福尼亚沿海和南美洲的智利中部地区以及非洲南部地区和澳大利亚西南沿海地区（含新西兰）。

对应中国的十大酿酒葡萄地区，都属典型的大陆季风性气候，完全不同于地中海式海洋性气候。中国气候类型复杂多样，完全符合地中海气候的地区没有；部分符合的地区也只有环渤海区，包括河北昌黎地区、山东烟台地区，气候基本属于温带海洋气候，但冬季较冷，降水较少。北部七大产区大都属于温带草原沙漠气候，冬季寒冷少雨，夏季干旱，适合酿酒葡萄生长但不理想。南部产区云南内陆高原地区气候，夏季雨水太多，也不是酿酒葡萄最理想的生长区。

2. 土壤条件

土壤是酿酒葡萄生长的“胎盘”，赖以吸收上百种以上的有机质、矿物质。富饶的土壤上生长的葡萄产量高，但所含有机物和矿物质较少，酿酒品质一般。贫瘠土壤葡萄产量低，但所含物质丰富，可酿造上等美酒。因为生长在恶劣土壤中的葡萄树根系扎得更深，土壤剖面自上而下发

贺兰山脚下的葡萄园

贺兰山东麓的风土适宜优质酿酒葡萄的种植

贺兰山东麓出产的优质酿酒葡萄

生层段越丰富，供给葡萄的营养就越充分，使葡萄的成分越复杂，酿造的酒越能凸显葡萄的风味多姿多彩。传统的葡萄种植行业中流传着这样一句话："土壤越贫瘠，越是产好酒的地方"。这是因为葡萄树的生长需要排水良好的土壤，这种土壤保持一定的湿度但又不能含有太多的水分。

适宜酿酒葡萄生长的土壤一般是白垩土、石灰石土、沙质土、花岗岩山、砾石土等，它们表现为表层贫瘠，但通透性好，深层氮、磷、钾、铜、铁、镁、钙，以及微量元素高，极宜葡萄发育生长。

依此土壤条件对照新旧世界主要产葡萄酒的国家，如法国几大产区、美国加州、南美智利产区，土壤均为贫瘠区。贫瘠土壤地区的人们以酿酒葡萄等农作物为依靠，生存了下来，甚至赢得了富裕的生活。我国华北产酒区土壤条件大部分较好，可以培育优良的谷物，造就了我国黄酒类发酵酒的历史辉煌，更造就了我国谷物蒸馏酒——中国白酒的发展。正所谓失之葡萄，得之中国白酒的历史。

土地条件除土壤之外，地形地貌也是个因素，生长酿酒葡萄的地区若是一马平川也不理想，如果是丘陵台地，甚至几十度的陡峭山坡最好，如此才能为每一株葡萄创造吸收阳光照射的条件，但又不是直射。所以大凡生长好酿酒葡萄之地，绝大部分都是坡地，有15度以上60度以下的陡度，这样可以保证每株葡萄都公平地得到太阳的恩宠。

采摘葡萄

3. 当年天气条件

气温是酿酒葡萄生长的重要因子。生长季积温应高达3000℃左右；年日照时数不低于2800小时（各种葡萄的要求不一样）；有效积温、降雨量、水热系数、无霜期、日照百分率、太阳总辐射量等指标都有严格要求。我国的新疆、甘肃、宁夏等省区是理想的适宜生产酿酒葡萄的产区。

另外，酿酒葡萄的树龄长短也是影响葡萄酒品质的重要条件，而这一点正是我国酿酒葡萄的“软肋”。我国葡萄酒业的发展，近现代有个很长断层代，大发展开始于20世纪90年代，酿酒葡萄大部分是新生代，树龄30年以上的极少。这和新世界葡萄酒国家的葡萄园也比不上，但10年以后，20年以后，面貌会有改观。

四、阳光荒漠·黄河贺兰·葡萄美酒

放眼世界，高品质葡萄酒主要产自几个特殊的地理环境区域，这是因为葡萄酒高档品质品牌的打造需要特殊的优良品种、气候、土壤等条件作支撑。从法国波尔多到美国纳帕山谷，从西班牙里奥哈到澳大利亚玛格丽特河，从意大利托斯卡纳海岸到南非的康士坦提亚，每个知名特色产区的崛起都是依托山脉、河流、海岸等独特的地域、多样的气候、土壤特点打造培育的。

宁夏境内高山、大河、沙漠、湖泊、草原等地貌类型齐全，有“中国生态盆景”之称。黄河流经宁夏397公里，成就了“天下黄河富宁夏”、“塞上江南”的美景。贺兰山东麓地区，西有贺兰山天然屏障抵御寒流，东有黄河水自流灌溉，区域年平均气温8.9℃，日照时数3029.6小时，年降水150～200毫米。这里沙砾结合型土质透气好，土壤矿物质和微量元素含量高，可满足葡萄生长期对水肥光热和矿物质的需要，独特的自然风土条件成就了贺兰山东麓种植酿酒葡萄特有的区位优势，使之成为种植酿酒葡萄的黄金地带。

在地理位置上，宁夏贺兰山东麓位于北纬37°43′～39°23′，东经105°45′～106°47′，恰

好处于世界葡萄种植的“黄金”地带南北纬30～40度之间，具备了与世界许多特色优质葡萄产区相似的地理条件。

在气温条件上，宁夏葡萄生长季节（4～10月）大于10℃的活动积温为3300℃左右，加之积温增效作用（夜间温度低，积温有效性强），具有发展早、中、晚熟酿酒葡萄品种的优越条件。特别是在8月初至8月下旬葡萄转色期间，日均温度较高，昼夜温差大（10～15℃），有利于葡萄的糖分、色素物质充分积累；而8月下旬至9月底葡萄成熟期间温度不高，有利于葡萄浆果缓慢而充分成熟，葡萄中的香气和酚类物质能得到充分的积累，从而使糖酸、酚类物质平衡。

在降水条件上，贺兰山东麓地处我国西部干旱、半干旱地带，近30年平均降水量仅有193.4毫米，但有便利的引黄灌溉条件和丰富的地下水资源，天旱而地不旱，可以在4～10月生长期内及时得到灌溉。8～9月葡萄成熟期间降雨量少，水热系数K值（同期降雨与积温的比值）为0.58～0.83，远优于酿酒葡萄最适生态区指标（$K<1.5$）的要求。葡萄成熟期间降雨量少，不仅有利于葡萄品质的提高，同时也减少病虫害的发生，降低了葡萄病虫害防治的费用。

“葡萄酒界第一夫人”杰西丝·罗宾逊贺正在品鉴贺兰山东麓葡萄酒

在光照条件上，贺兰山东麓光能资源丰富，日照时间长，全年日照时数达3000小时，在葡萄着色期的8～9月，天气晴朗、光照充足，有利于葡萄果皮色素的形成和挥发酯类的积累，提高香味成分。

在土壤条件上，贺兰山东麓适宜葡萄栽培的土壤主要有灰钙土（淡灰钙土）、风沙土和灌淤土。其中灰钙土（淡灰钙土）和风沙土葡萄产量虽低、但品质极佳，高糖适酸和幽雅的香气是酿造高档葡萄酒难得的原料。因此，在评价酿酒葡萄优质生态区的指标上，贺兰山东麓的某些生态条件甚至优于世界许多著名的酿酒葡萄产区。

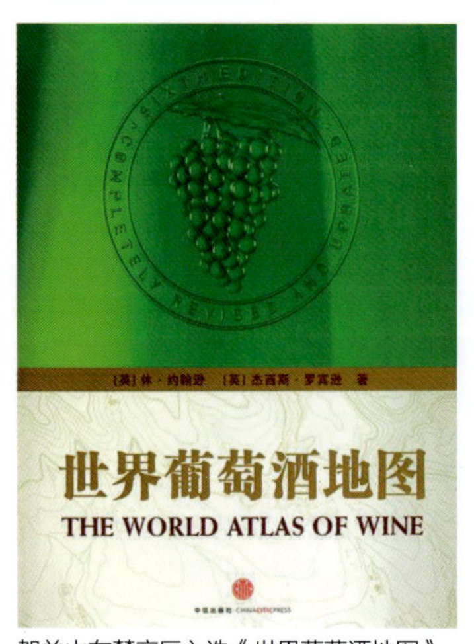

贺兰山东麓产区入选《世界葡萄酒地图》

独特的光、热、水、土等条件，使得这里种植的葡萄具有香气发育完全，色素形成良好，含糖量高，含酸量适中，病虫害少，无污染，品质优良的自然优势，是世界上少有的几个能生产高端葡萄酒的绝佳产区之一。贺兰山东麓产区依托贺兰山屏障，又有黄河水灌溉，可把贺兰山东麓产区条件浓缩为“阳光荒漠、黄河贺兰、葡萄美酒”的地理品牌，这是大自然的馈赠，是世界独一的、不可复制的葡萄理想产地。

2003年4月贺兰山东麓葡萄酒被国家质检总局批准为国家地理标志保护产品，保护区面积20万公顷，可用于开发种植葡萄土地150万亩，是全国最大的葡萄酒地理标志保护产区。一时间，昔日无人问津的戈壁荒滩，今日成为优质酿酒葡萄绝版产地，成为世界葡萄酒行业关注的热土。

2012年以来，宁夏贺兰山东麓葡萄酒产区越来越引起了国内外高度关注，国际影响广泛深远。世界最权威的三大品酒师之一、国际葡萄酒大师杰西丝.罗宾逊专门在国际性大报英国《金融时报》撰文，称贺兰山东麓是中国最具潜力的葡萄酒产区，并将其编入2013年出版的《世界葡萄酒地图》。《世界葡萄酒地图》被称为“世界葡萄酒的《圣经》”，对于入载《世界葡萄酒地图》的产区，必须能够生产出迷人的葡萄酒，区域内至少要存在数家酒厂，且酒厂间相距不能太远。另外，该产区还要具备特色的地理环境。这些条件宁夏产区均能具备，入载《世界葡萄酒地图》，当之无愧。

国际葡萄与葡萄酒协会理事阿兰教授评价，贺兰山东麓与法国、美国、澳大利亚等世界著名产区相比较，是世界上公认的少有的酿酒葡萄最佳产区之一。

贺兰山东麓作为明星产区，还有其独特的优势，即土地资源丰富，便于规模化发展。目前贺兰山东麓原产地保护区内的土地，大部分属于原始地，不与粮食作物争地，有利于规模化开发和集体化经营。此外，该地区由于地处中国西部经济欠发达地区，劳动力价格低廉，这在一定时期内也成为其市场竞争优势。

五、一年创造六个全球及全国第一

当自治区政府意识到贺兰山东麓已经成为比宁夏煤炭更为宝贵的优质资源时，相关产业同扶持政策也陆续出台，并提出“把贺兰山东麓葡萄产业做成宁夏的优势特色产业，打造一个竞争力强、辐射面广、国内最大、全球知名的葡萄文化生态经济产业带，形成宁夏经济转型升级的新的增长极”的战略。

自治区政府规划到2020年，在贺兰山东麓形成总规模达100万亩的葡萄产业带。同时建设“一心、三城、十镇、百庄”，即建设1个葡萄酒文化发展中心，3个葡萄酒城，10个各具特色的葡萄主题小镇和100个以上的酒庄（堡），实现千亿元产值。在政府强有力的支持下，贺兰山东麓产区在短短的时间里创下了一年六个全球及全国第一的奇迹。

建成1个葡萄文化中心　建成3个葡萄产业城

宁夏回族自治区政府贺兰山东麓葡萄产业发展规划

2012年1月，宁夏在外交部和农业部的支持下，成为中国在国际葡萄与葡萄酒组织（OIV）的首个省级政府观察员。OIV是国际上最具权威的葡萄酒行业政府间组织，只有国家才能成为其成员。OIV根据各成员国意见制定从产业到贸易的一系列国际标准，有助于葡萄酒的国际贸易。6月底，OIV组织在土耳其举行第35届成员国大会，特别邀请宁夏参加，并安排宁夏代表团作专题发言。

2012年4月，自治区政府成立了全国第一个省级葡萄产业发展机构——宁夏葡萄花卉产业发展局。发展局隶属于自治区林业厅，负责制定全区葡萄花卉和其他林产业规划、政策；进行技术指导、产业开发和品牌保护；制定技术和质量标准；负责项目实施，品种及技术引进、推广等工作。

2012年6月，在法国《葡萄酒评论》杂志主办的“RVF中国优秀葡萄酒2012年度大奖”评选活动中，宁夏贺兰山东麓被评为中国唯一一个“明星产区”。在该活动中，产自贺兰山东麓的葡萄酒大获全胜，包揽了红葡萄酒金、银、铜奖6项大奖，还获得了白葡萄酒银奖、铜奖，最佳酿酒师奖、最具发展潜力酒庄奖、年度黑马酒庄奖。

2012年12月，自治区政府审议通过了全国第一部葡萄酒产区保护法规《宁夏回族自治区贺兰山东麓葡萄酒产区保护条例》。该条例于2013年2月1日起实施。这标志贺兰山东麓葡萄酒产区成为全国第一个依法发展的产区。

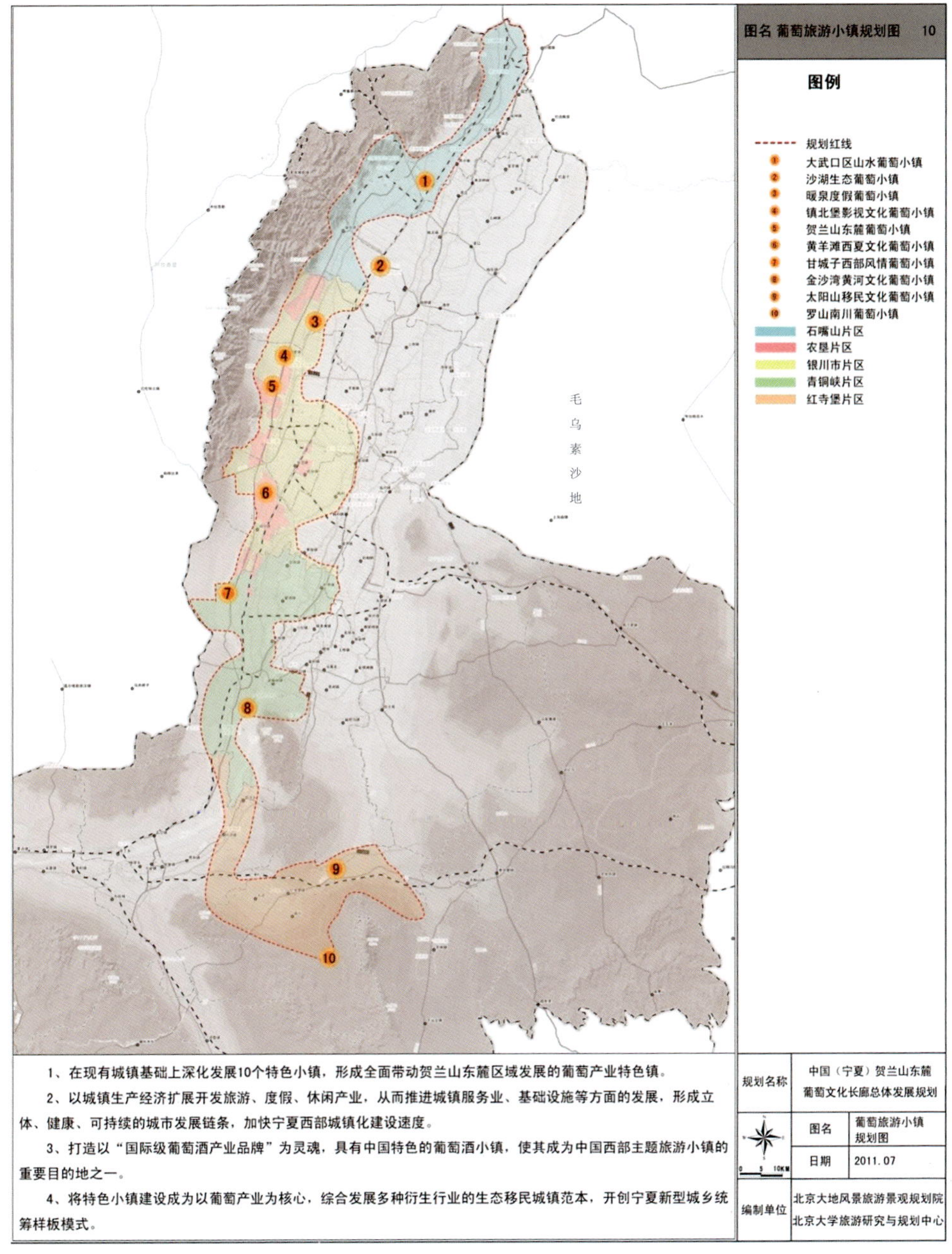

宁夏葡萄旅游小镇规划图

2013年1月，贺兰山东麓获2013胡润百富“至尚优品”全球优质葡萄酒产地新秀奖，这也是全球唯一一个获得新秀奖的葡萄酒产地。胡润百富所评选出的品牌在各品牌所属业界和国内高端消费者中具有较高权威性。会上，宁夏的西夏王葡萄酒品牌还获得“胡润百富2013年至尚优品最佳表现奖”。

贺兰山东麓葡萄产区现状

同一个月，世界最具影响力报纸之一的美国《纽约时报》评选出了全球2013年“必去”的46个最佳旅游地，宁夏和巴黎、里约热内卢、卡萨布兰卡等世界著名旅游景地一起名列其中，排名第20位。在称赞宁夏独特的美景之余，《纽约时报》特别强调，在宁夏可以酿造出中国最好的葡萄酒。

如今，贺兰山东麓葡萄产区像一颗光彩夺目的紫色宝石，镶嵌在世界葡萄酒的王冠上。它，用熠熠生辉的成就在世界葡萄酒版图上争得了自己的一席之地。

叁 天然佳果

一、国际葡萄种植概况

全世界共有96个国家和地区生产葡萄，葡萄是栽培面积和产量名列第三的果树树种。2010年，全世界葡萄栽培总面积为758.6万公顷，总产量6449万吨，葡萄酒年产量约2639 万吨。世界葡萄栽培面积的约80%为酿酒葡萄，11%为鲜食葡萄，其余9%为制干、制汁和制罐品种。世界葡萄和葡萄酒生产的重心仍在欧洲，最大的葡萄栽培和生产国是欧洲的意大利、法国、西班牙，美洲的美国、阿根廷，亚洲的土耳其、伊朗等也在葡萄及其制品的生产中位居前列。经过改革开放三十多年的发展，我国的葡萄生产2010 年排名世界第5 位。

世界的主要葡萄生产国往往也是葡萄产品出口国。根据国际葡萄与葡萄酒组织（OIV）的统计，意大利、法国、西班牙是最大的葡萄酒出口国，智利、意大利、美国是最大的鲜食葡萄出口国，土耳其、美国则是最大的葡萄干出口国。葡萄的生产与加工目标与生产国的文化传统、饮食特点、气候条件以及宗教信仰等有密切的关系。在欧洲国家，葡萄主要用于酿造葡萄酒，用于鲜食的较少，而在以土耳其、伊朗等为代表的伊斯兰国家，葡萄生产中的几乎全部都是用于鲜食和葡萄干的生产。澳大利亚和新西兰人口较少，距离其传统的出口国市场较远，葡萄的生产以酿酒葡萄为主，以国际市场为主要的生产目标。

世界葡萄的栽培水平一直呈现不断上升的趋势，随着土肥水管理、叶幕管理、病虫害管理以及修剪水平的提高，葡萄单位面积的产量呈现上升的趋势，在面积稳定或扩大的国家，单位面积产量的上升，增加了鲜食、酿酒和制干葡萄的生产，而在实际栽培面积缩减的国家如意大利、西班牙，单位面积产量的增加在一定程度上减缓了葡萄酒总产量的下降。

欧洲早已完成了农业劳动力向城市的转移，农业劳动力的缺乏和劳动力价格提高，使葡萄与葡萄酒产业的机械化在发达国家越来越普及，相应的研究和配套技术日益完善。在法国、意大利、澳大利亚、美国、德国等国家一般品质的葡萄酒，甚至相当数量的优质葡萄酒其原料葡萄都是利用机器进行采收，显著提升了劳动效率，降低了劳动力成本。在白天气温较高的地区，利用机器在夜间进行葡萄采收，明显减少了田间热，更有利于提高葡萄酒的品质，而且降低了对葡萄酒原料降温的能源消耗，成为葡萄酒企业推广节能减排和环境友好型生产，以及与消费者

葡萄园的节水措施

进行环保沟通的内容之一。为适应机器采收的需要，发达国家也在葡萄的树形、株行距、架材，运输机具等方面进行了配套升级。

水资源的匮乏和节约用水的需要，使世界干旱区的葡萄生产大量采用滴灌，而在法国等地中海型气候地区，冬季降水量较大，土壤保墒条件好，生长季可以不采用任何的灌溉。水肥一体化的管理方式将对葡萄的水分补给与肥料补给高效结合，省水、省肥，减少对地下和地表水资源的污染，但滴灌也对劳动力的受教育水平和对设施的管理维护水平提出了相当高的要求。

在品种领域，鲜食葡萄的品种更新较快，国际贸易活跃，流行无核、大粒、脆肉型的品种，以新品种占领高端市场。酿酒葡萄品种以经典品种为主，如：赤霞珠、梅鹿辄、品丽珠、西拉等，这些品种在法国以外的非传统产区创造了卓著的声名和经济上的成功。另一方面，一些有个性的酒庄和酿酒师，也重新挖掘了欧洲多样化的酿酒品种资源和一些新育成的品种，比如法国农科院培育的酿酒品种马瑟蓝在多个国家都开始有所种植。对品种和果实品质的重视，使种苗的生产日益规范化、优质化，由专业的苗木公司提供优质、纯正、无病毒的葡萄苗木，无论对鲜食品种还是酿酒品种来说都是保证栽培和果实质量的根本基础，而种苗公司也在葡萄品种、品系的知识产权保护方面起越来越大作用，促进了葡萄新品种和传统品种优良品系的培育、更新工作，促进了葡萄与葡萄酒产业的发展。

有机和生物动力学葡萄园受到追捧，特别是在发达国家强调葡萄栽培和葡萄酒酿造的自然与纯粹。生物动力学借鉴了有机生态学的理念并关注一些非物质层面上的东西，类似我国的师法自然。由于有市场的支撑，按照有机的方法栽培葡萄，无论是鲜食葡萄还是酿造出的葡萄酒常常以较高的价格出售给一些特定的消费群体。

二、国内葡萄种植概况

目前我国的葡萄酒产业已形成吉林通化、环渤海湾、怀涿盆地、甘肃武威、宁夏银川、新疆吐鲁番、新疆石河子、云南弥勒等葡萄栽培区域。国际著名酿酒葡萄品种，如：赤霞珠、品丽珠、梅鹿辄、霞多丽、雷司令、贵人香等已成为我国酿酒葡萄栽培的主导品种。大部分葡萄酒企业都已建立了自身原料供应的保障体系。随着我国劳动力成本和土地使用成本的增加，葡萄酒产业出现显著的西移态势，东部的知名酒厂纷纷在西部地区建立了自己的葡萄基地和发酵厂。

在政策层面，国家早就把倡导果酒，减少粮食酒的消费作为一项保证粮食安全，提升农民收入和改善消费者健康的途径，新一代领导集体也身体力行，在多个重要的外交接待场

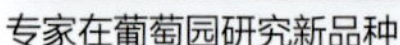

专家在葡萄园研究新品种

葡萄园的机械化作业

合，使用国产品牌的葡萄酒，替代了传统的白酒。通过国家政策的引导，我国各主要葡萄酒产区都制定了发展葡萄与葡萄酒产业的优惠政策，招商引资，引进国内外先进的技术和人才，提升产业实力。在山东烟台、河北怀来等传统葡萄酒产区，国际和国内交流步伐明显加快，通过葡萄节、葡萄酒比赛、葡萄酒研讨会、国际葡萄酒技术展等多种手段，提升产区知名度。

我国葡萄与葡萄酒产业发展的主要限制性因素还是葡萄栽培。在我国绝大多数产区，葡萄需要埋土防寒才能越冬，限制了架式和修剪模式的选择，同时埋土也是葡萄与葡萄酒生产成本的重要组成部分。目前我国葡萄酒厂的技术装备水平已经逐步与国际接轨，主要葡萄酒厂的设备条件已达到国际水平或国际先进水平。产业内人才的数量和质量有快速的发展，大批留学人员归国，尽管产业队伍整体上与国际先进水平还有较大的差距，但已经开始逐步出现了少量的拔尖人才。随着葡萄园控产、葡萄与葡萄酒品质的提高，以及市场对葡萄酒认知度的提高，国产高端葡萄酒的价格也有一定的提升。

三、贺兰山东麓葡萄栽培技术特点

贺兰山东麓以独特的光、热、水、土等条件，成为世界上少有的几个能生产高端葡萄酒的绝佳产区之一。截至2012年底，沿贺兰山东麓基本形成银川、石嘴山、青铜峡、红寺堡、农垦五大葡萄主产区，葡萄基地面积达到51万亩（酿酒葡萄44万亩），产量17万吨，产值达到9亿元。其中，银川13.18万亩、石嘴山0.83万亩、青铜峡12.1万亩、红寺堡11.6万亩、农垦

宁夏玉泉营葡萄种植基地

11.7万亩，其他产区1.6万亩。在五大产区建设了5个葡萄苗木繁育中心，年生产优质葡萄苗木2300万株。

2011年10月25日，自治区政府常务会议审议通过了《贺兰山东麓百万亩葡萄产业带暨文化长廊发展规划》，勾画出了贺兰山东麓发展百万亩葡萄文化长廊的蓝图："十二五"期间，贺兰山东麓新建葡萄基地40.6万亩，到2020年，在贺兰山东麓形成总规模达100万亩的葡萄产业带。

为了进一步保护酿酒葡萄的品质，自治区在《宁夏回族自治区贺兰山东麓葡萄酒产区保护条例》中规定，酿酒葡萄种植区及其周边5公里范围内，禁止新建化工、建材、制药、采矿、规模养殖以及产生重金属排放等对土壤、水质、大气造成污染和对葡萄产业发展造成影响的项目。

由于地理区域和气候条件的特殊性，贺兰山东麓酿酒葡萄在长期的实践中也形成了独具特色的栽培技术。

宁夏冬季长达5个月，30年平均低温-20℃左右，而欧亚种葡萄当极端最低气温在-15～-14℃时就会出现冻害。因此，葡萄的枝蔓一定要埋土防寒，才能保证酿酒葡萄树安全越冬。它是影响酿酒葡萄园成本、收益和栽培的一个重要因素。周期性灾害性气候接连不断，冬季冻害、早晚霜冻频繁发生，三年一小冻，十年一大冻，轻度冻害几乎年年发生。尤其是早霜冻来之过早，使葡萄树体贮藏营养尚未生息和回流，就被迫进入落叶休期眠。这一现象较为普遍，易造成春天树体营养不足，花芽分化不良，形成小年。宁夏酿酒葡萄栽培20多年的经验证实了这一点。如2002年冬至2003年春，宁夏遇到几十年罕见的寒冬，贺兰山东麓地区葡萄遭到大面积冻害，自根苗7万多亩冻伤一半，其中5000亩绝产，损失2亿元。2007～2008年冬春冻害又一次普遍发生，永宁县玉泉营地区灾害严重，减产40%以上，损失巨大。

冬季的严寒使贺兰山东麓地区种植葡萄必须进行"埋土"作业，即冬季来临之前，将整个葡萄植株覆土以防止冰冻及干旱威胁。此外，还要贯彻执行"一清三改"技术措施，全面推广抗寒栽培技术。

"一清"是对更新改造及重新建园地段应彻底清除老根、残根，换行新栽。对树龄小的园

果农在田间劳作

果农在田间绑扎小苗

果农在田间除草

片，春季清土时一定要彻底，一次清到原根颈处（嫁接苗应是嫁接口以下）；树龄超过5年的大树，应采取每年回落10厘米左右清除根颈以上的表土和浅层根系，3年恢复，逐步形成沟栽效应，促进下部根系深扎，提高根系越冬安全性。

“一改”是改平栽法为沟栽法。具体做法是挖宽80厘米、深80~100厘米的定植沟，将腐熟的有机肥与表土混匀，施入沟中引根深扎（有条件的底部加10厘米秸秆），上边留30厘米不填，形成定植沟，使葡萄主要根系分布在冻层以下（高于-5~-4℃）。这样做的另一作用是葡萄枝蔓埋在地面以下，早春的变温对其影响较小，葡萄可出土较晚，躲避晚霜危害。结合改大水漫灌为沟灌，以利节约用水。

“二改”是改浅施肥为深施基肥。开沟深40~60厘米深施基肥，以利引根系向下深扎。

“三改”是改革葡萄上架方式。目前宁夏酿酒葡萄大多采用直立龙干形，出土后直立上架，随着树龄增加，埋土难度逐年增加，是冻根的一个主要因素。因此，酿酒葡萄必须采用基部倾斜向行，上架方式即改直立上架为平斜上架。对主蔓粗度3厘米以下的，出土后将主蔓基部呈45° 的角度斜引上架，固定后再直立上架；对粗度超过3厘米的，出土时重清一侧，适度进行斜引，以降低主蔓弯曲形成的高度，避免冬季埋土因压不倒而增加行间取土量。同时，实行清耕栽培法或间作低秆作物以改善光照，提高果实品质和确保枝蔓组织充实，是增加枝蔓贮藏营养，抵御冻害的重要措施。

四、贺兰山东麓主要酿酒葡萄品种

由于区域气候与土壤条件的差异性，选择适宜的葡萄品种进行种植，才能孕育出让市场长期接受的个性突出的葡萄酒企业与品牌。酿酒葡萄品种一般应优先选择经过酿酒实践检验的欧亚葡萄品种，国际上不允许用美洲种及欧美杂种品种酿酒。

贺兰山东麓栽培的酿酒葡萄品种中，红葡萄酒酿酒品种多为赤霞珠、西拉、品丽珠、梅鹿辄、黑比诺、蛇龙珠等；白葡萄酒酿酒品种为霞多丽、雷司令、贵人香等；香槟酿酒品种主要有赛美容等，都属于世界中高档酒的知名品种。

赤霞珠（Cabernet Sauvignon）

赤霞珠又被音译为解百纳，属欧亚种，是全世界种植面积最广泛的红葡萄品种。原产法国，是波尔多红葡萄酒，特别是波尔多左岸地区红葡萄酒的灵魂，著名的波尔多五大顶级酒庄都以赤霞珠为主要品种酿制红酒。目前，它在全世界的总种植面积超过了65万英亩，主要分布在法国、智利、美国、澳大利亚、意大利、南非和阿根廷。我国1892年首次引种，20世纪90年代大量引进，目前在河北、新疆、宁夏、山东、甘肃、四川等十几个省区种植。

赤霞珠

赤霞珠香气非常容易辨认，其酒香以黑色水果（如黑樱桃和李子等），植物性香（如青草和青椒）及烘焙香（如烟草、雪茄盒、香草、咖啡和烟熏味等）为主。其酿造的葡萄酒年轻时往往具有类似青椒、薄荷、黑醋栗、李子等果实香味，陈年后逐渐显现雪松、烟草、皮革、香菇气息。由赤霞珠酿造的葡萄酒，受葡萄采收时果实成熟度影响很大，当果实未完美成熟，会显现更明显的青椒以及植物性气味，相反，果实成熟完美，甚至是过熟状态，那么酿造的酒就会呈现出黑醋果酱气息，口感似果酱。

赤霞珠在贺兰山东麓产区的种植面积居红色酿酒葡萄品种第一位。该品种适宜在炎热的砂砾土质中生长，果粒小，皮较厚。在肥水条件较好的葡萄园亩产量可达3000斤。每年一般4月下旬萌芽，6月上旬开花，9月下旬至10月初浆果成熟。由于春天发芽比较晚，春寒霜冻也很难影响到它的生长；同时，成熟的时间比较晚，不太会有秋天采摘前雨水较多导致的果粒腐烂的问题，因此具有较好的种植性和产量稳定性，这也成为它在全世界范围内广受欢迎的一大原因。

梅鹿辄（Merlot）

又名美乐、梅洛，属欧亚种。原产法国波尔多，在意大利、瑞士、东欧和新世界的产区都有广泛种植。我国最早是1892年由西欧引入山东烟台。20世纪70年代后，又多次从法国、美国、澳大利亚等引入，在河北、山东、新疆、宁夏等地栽培，是近年来很受欢迎的酿造红葡萄酒的优良品种。

梅鹿辄被誉为红葡萄的公主，温柔乖巧，也是最受欢迎的红葡萄品种。它早熟，鲜嫩且多产，丹宁含量低，果味丰郁，可以用来大量酿制美味而柔滑的葡萄酒。用其酿制的葡萄酒颜色较深，有着红黑浆果（红樱桃、草莓、黑樱桃、黑醋栗）的丰富果香，在陈年过程中还会产生李子干、灌木丛、雪松和香料的诱人气息。它与刚强的赤霞珠相伴成为混酿刚中蕴柔的经典搭配。通常女性会更喜欢梅鹿辄的口感。

梅鹿辄是贺兰山东麓产区栽培面积居第二位的红色酿酒葡萄品种。果粒呈乌蓝色，体小皮薄，比赤霞珠更为早熟，但收成时如果雨量过多容易腐烂。在贺兰山东麓地区4月下旬萌芽，6月上旬开花，9月下旬浆果成熟。

西拉（Syrah）

西拉是一个古老的酿酒葡萄品种，属欧亚种。关于它的起源，充满一些神秘色彩。西拉的法语名称为“Syrah”，容易使人联想到“Syria”，所以，有一种说法：西拉源自中东叙利亚。西拉的英语名称为“Shiraz”，而“Shiraz”同时又是被誉为伊朗诗都的城市设拉子的英文名称，使人猜想它是来源于中东的伊朗。但是，1998年，加州大学戴维斯分校与法国国家农业研究院蒙彼利埃分院联合开展的一项研究表明：西拉原产于法国，DNA分析表明，它是白梦杜斯（Mondeuse Blanche）和来自法国东南部的不知名的葡萄品种杜瑞莎（Dureza）的杂交后代。

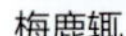

梅鹿辄

西拉

西拉是法国隆河谷北部地区的经典品种，世界上有超过一半的西拉种植于法国。同时，西拉又是澳大利亚的代表酿酒葡萄品种，在澳大利亚种植最广泛并且有着相当优异的表现。我国在20世纪80年代引进试栽，现在山东、新疆、宁夏等地种植。

西拉酿造的葡萄酒，风味与香气跟气候土壤等因素有很大关系，但是通常具有紫罗兰、黑莓、巧克力、咖啡以及黑胡椒气息，陈酿后出现皮革、松露气息。由于用单一品种西拉酿成的酒的口感比较直接，所以它一般与其他葡萄品种混酿，比如赤霞珠，这样可以使得葡萄酒的口感更加富有层次、更加复杂。

西拉适应性较强，特别抗病，适宜在沙壤土栽培。在贺兰山东麓地区，西拉4月下旬萌芽，5月下旬开花，9月中下旬成熟。从萌芽至浆果成熟需135天左右。

品丽珠（Cabernet Franc）

为法国古老的酿酒品种，世界各地均有栽培，属欧亚种。品丽珠具有浓烈的青草味，混合可口的黑加仑子和桑葚的果味，因酒体较轻淡，其主要功能是调和赤霞珠和梅鹿辄。不过世界知名的白马酒庄（Chateau Cheval Blanc）却以其为主要成分。

品丽珠

品丽珠较适合在温度低而湿润的泥土地区生长，钟情大陆型气候，且不怕在采收期碰上恶劣的天气。品丽珠比赤霞珠更容易成熟，因此在北半球可以种植在更偏北的地方，比如在法国从波尔多一直往北到卢瓦尔河谷（Val de la Loire），都能发现品丽珠的身影。目前品丽珠在全世界20多个国家都有种植。在新西兰、美国纽约长岛和华盛顿州可以酿出相当可口的红葡萄酒。1892年，品丽珠由法国引入山东烟台。

品丽珠果粒着生紧密，近圆形，紫黑色，平均粒重1.4克。果粉厚，果皮厚。色素丰富，果肉多汁，味酸甜。在贺兰山东麓地区能充分成熟，结果早，丰产。通常于4月下旬萌芽，6月初开花，9月下旬浆果成熟。

黑比诺（Pinot Noir）

黑比诺

又名黑皮诺、黑品乐，属欧亚种。其酿

造的葡萄酒年轻时主要以樱桃、草莓、覆盆子等红色水果香为主；陈酿后，又会出现甘草和煮熟甜菜头的风味；陈酿若干年后，带有隐约动物和松露香，还有甘草等香辛料的香味。黑皮诺是细致优雅派葡萄酒的代表品种。如果将赤霞珠比成男性的话，黑皮诺就是女性。它的颜色淡，单宁少，体态上要比赤霞珠轻巧、肉感一些；它又是雅致的，含着淡淡的清甜味，是非常值得人的味蕾去探索的酒。除红酒外，黑皮诺经直接榨汁也适合酿制白色或玫瑰气泡酒。

黑比诺原产自法国勃艮第，为该区唯一的红酒品种。它在欧洲种植比较广泛，其中，法国栽培约18万亩，面积最大；其次为美国（6万亩）、瑞士（4.5万亩）。我国20世纪80年代开始引进，分布在甘肃、山东、新疆、云南等地区。

黑皮诺是公认的最挑剔最难照料的品种，它对成长环境的要求较高。其品种特性不强，易随环境而变；抗病性较弱，极易感白腐病、灰霉病、卷叶病毒和皮尔斯病毒。

黑比诺果粒椭圆形，紫黑色或黑紫色，果粉中等厚。果皮中等厚，较坚韧，略带涩味，果肉致密而柔软，汁中等多，味甜，酸味少。该品种在贺兰山东麓地区4月下旬至5月初萌芽，6月上旬开花，7月中旬枝条开始成熟，8月下旬至9月上旬浆果成熟。

蛇龙珠（Cabernet Gernischet）

欧亚种。原产法国，为法国的古老品种之一，与赤霞珠、品丽珠是姊妹品种，在我国并称为“三珠”。蛇龙珠香味独特，单品种酒具有玫瑰香、紫罗兰香、茉莉香、香料辛辣味、矿物味、茴芹香、丁香味、果味等特有香味。该品种果实既可酿制干红葡萄酒，也可酿制干白葡萄酒，还是酿制起泡葡萄酒的主要品种。1892年由张裕引入中国，在山东烟台地区有较多栽培。20世纪80年代末期在全国范围内推广种植。

蛇龙珠

蛇龙珠果粒着生紧密，果粒圆形，紫黑色，平均粒重1.8克，果皮厚。汁多，有浓郁青草香味。植株生长势极强，适应性差，较抗寒，抗病性较强，结果期晚，一般种植后4年才能正常结果。该品种在贺兰山东麓地区4月下旬萌芽，5月中旬至6月初开花，9月下旬成熟。从萌芽至浆果成熟需150天左右。

霞多丽（Chardonnay）

又名莎当尼、霞多内、夏多内，是酿造高档干白葡萄酒和高档香槟酒的优良品种。原产自法国勃艮第，属欧亚种。霞多丽根据各地土壤气候的差异，散发的香气也大不一样。在凉爽产区，霞多丽酸度较高，清新爽口，带有柑橘、柠檬的清爽香气；在温带地区，霞多丽酸度降低，散发着桃、李、苹果等香气；在热带地区，霞多丽则带有丰富的菠萝、芒果等热带水果香气，口感浓重。可以说霞多丽是一种可塑性很强的葡萄品种，正因为如此人们可以采用不同的方式发酵、酿造，生产出独具风格的霞多丽葡萄酒。霞多丽很耐冷，产量高并且非常稳定，易种植，因此在全世界各大产区都有种植霞多丽。1951年由匈牙利引入我国。

霞多丽果粒近圆形，绿黄色，平均粒重2.5克。果皮薄，果肉软，汁多，风味酸甜。用霞多丽酿造的葡萄酒澄清，幽雅，果香微妙悦人，味醇和，回味好，已经成为白葡萄酒中最为流行的品种，尤其是在美国，从20世纪80年代末到现在都高居单品种葡萄酒的销售之首。

在贺兰山东麓产区，霞多丽4月下旬萌芽，6月上旬开花，7月下旬至8月上旬枝条开始成熟，9月中旬至下旬浆果成熟。从萌芽至浆果成熟需145~164天。

雷司令（Riesling）

雷司令为白葡萄品种，源于德国莱茵河流域，被认为是最重要和最好的酿造白葡萄酒的品种之一。其中文名称是当年张裕公司在引进国外葡萄品种后邀请诗人、文人、作家、学者等在葡萄园里边赏、边尝、边命名的。

雷司令是一种富于变化的葡萄，含有的果香多样，从桃子、柑果的香味特色、异域水果的香味到蜂蜜的甜香，尽皆涵盖。更特别的是它独一无二的果酸和浸膏的结合，时而浓厚，时而清新，以其千变万化令人感到新奇。主要产区是德国以及法国的阿尔萨斯，据统计，全球65%的雷司令葡萄是在德国种植的。如今全世界都有广泛的种植。

霞多丽

雷司令

用雷司令酿造的葡萄酒有两大特点，一是最大程度保留了葡萄酒的原始风味，因为它不需要在橡木桶中熟化；二是酒精含量较低，糖分与酸度较高。由雷司令葡萄酿造的酒风格多样，从干酒到甜酒，从优质酒、贵腐型酒到顶级冰酒，各种级别都能酿造。其中贵腐酒是甜白葡萄酒中最为高贵的一种，它是采用感染了“贵族霉”的葡萄酿造而成。这种微小的霉菌会使葡萄失去水分变得干煸，但因此糖分增浓，能酿出独特的口感。

雷司令果粒近圆形，黄绿色，具有明显的黑色斑点，中等大小。适合在寒冷地区生长，成熟缓慢，采摘时间晚，一般从10月中旬到11月底之间才开始摘收，有的甚至最晚可以在1月份采摘。

贵人香（Italian Riesling）

贵人香又名意斯林，欧亚种。原产意大利和法国，在欧洲的意大利、奥地利、匈牙利、罗马尼亚、斯洛文尼亚等都有种植。1892年引入我国山东烟台，20世纪60年代再度引入我国，现在山东、河北、陕西及天津、北京和黄河故道地区有较多栽培。

贵人香

它是酿制香槟酒、白兰地和白葡萄酒的优良品种，也是世界上酿制白色葡萄酒的主要品种。酒体浅黄微带绿色，澄清发亮，果香怡人，柔和爽口，丰满完整，回味良好，风格独特，酒体丰满柔和。它和雷司令品种混合酿制成的葡萄酒具有良好的果香，原酒贮存陈酿多年后，酒香协调，味醇和，酒质优良，也是制汁的好品种。

赛美容

贵人香是个适应性较强、抗病性较强的优良酿造品种，生长势中庸，易丰产。果粒小，果面上有多而显著的褐色斑点，果脐明显，果粉中等厚，皮薄，果肉多汁。适宜在沙壤地和丘陵地栽培。

赛美容（Semillon）

又名赛美蓉、榭蜜雍，属欧亚种，原产自法国波尔多东南索丹地区，栽培历史悠久。赛美容既可以用来酿造干白葡萄酒，又因其糖分高，也可以用来酿制绝佳的甜葡萄酒。赛美容有比较好的造糖能力，却缺少含酸量，酿造出的葡萄酒肥厚腻口，香气很缺乏，酒体无活力，但是赛美容却有着很高的窖藏潜质。因此法国的一些白葡萄酒都会调配入长相思来提高葡萄酒的酸度和鲜嫩度。赛美容虽非流行品种，但在世界各地都有生产。现在赛美容栽培面积最大的国家是智利，其次才是法国。除此之外，在澳大利亚、阿根廷、南非、美国加州等地均有栽培。我国是在20世纪80年代引进赛美容种植，现在在河北、山东、宁夏、甘肃等地有栽培。

赛美容是一种易于栽培的葡萄品种。该品种生命力旺盛，对大多数疾病都有很强的抵抗力。这使得赛美容成为一种十分高产的葡萄品种，这也是赛美容备受青睐的一个原因。赛美容果皮薄，果肉软，汁多，果香浓郁。在适宜的条件下，会感染贵腐霉，并用来生产贵腐型酒，该酒具有如蜂蜜及水果特殊丰富的香味。其酒可经数十年的陈年，口感厚实香醇，甜而不腻。

五、好酒出自好园子

贺兰神酒庄葡萄园

贺兰神酒庄葡萄园位于永宁县贺兰山东麓黄羊滩境内，总占地面积约7.8万亩。2008年，公司先后从意大利VCR公司引进各类优质酿酒葡萄和砧木种条450万根，通过自繁自育，目前已种植各类优质酿酒葡萄1.9万亩，砧木0.4万亩，其中5年生葡萄园总面积达2800余亩，主要种植品种有西拉、赤霞珠、梅勒、马瑟兰、曼佐尼、霞多丽、雷司令、长相思等。

整个种植过程均采用以色列先进的滴灌系统进行节水灌溉，并严格按照国内及国际有机认证标准进行规范化、标准化作业。目前，公司产的葡萄先后通过了欧盟GAP、日本ECOCERT和北京五岳华夏等有机认证。

宁夏农垦西夏王实业公司黄羊滩农一队葡萄园

宁夏农垦西夏王实业公司黄羊滩农业分公司自2006年开始发展种植酿酒葡萄，积累了丰富的葡萄种植管理经验。在建设标准园的基础上，2013年公司提升黄羊滩农一队1065亩高档优质酿酒葡萄园，种植了赤霞珠、黑比诺、霞多丽、梅鹿辄等品种，提升了基地产品品质。葡萄园在田间管理上严格按照高档园葡萄管理技术措施进行管理。在树体管理上，每亩每株葡萄规定留芽、留梢、留果数量，限制产量，并保证通风透光，避免果实污染。同时，在土肥水管理、病虫害防治、原料控制上采取科学措施，统防统治，按测定比确定采收日期，使园区内葡萄达到了酒庄酿造高端酒的质量要求。

黄羊滩农一队葡萄园

金沙林场葡萄园

宁夏金沙林场金沙葡萄基地2006年由自治区林业厅组织专家进行规划，2007年由宁夏金沙林场聚全场之力，按照自治区林业厅“高起点、高标准、高质量”要求建成，总面积5000亩，优质酿酒葡萄园300亩，主栽品种为赤霞珠。葡萄园采用了定植沟土壤改良、抗寒嫁接种苗定植、深沟栽植、节水滴灌及肥水一体化等现代农业栽培新技术进行葡萄示范园建设。示范园管理采取“三统一”即统一技术规程、统一病虫害防治、统一机械化服务，达到了酿酒葡萄种植高质量、高水平、高标准。园区配套完善水、电、路、林网等基础设施。葡萄园规划整齐，树体生长旺盛，葡萄品种较高。自2009年结果以来，所产酿酒葡萄品质优秀，平均亩产380公斤，表现稳定，深受葡萄酒专家的欢迎。

金沙林场葡萄园

兰一酒庄葡萄园

兰一酒庄葡萄园位于银川市镇北堡镇德林村，总面积610亩，两年生优质葡萄园240亩。葡萄园在种植前均进行了土壤、水肥、矿物质及无机盐等理化分析，并按照专家意见进行了土壤改良。葡萄园周边5公里范围内，无化工、建材、制药、采矿、规模养殖、重金属等工业污染物的排放，完全具备种植良好葡萄苗木的立地条件。葡萄园苗木全部采用纯正的脱毒、嫁接苗，种植成活率95%以上。株行距0.8～3.5米，为土肥水的管理及机械化作业提供了良好条件。葡萄园采用有机化种植。肥料全部来自腐熟的有机肥，极少甚至杜绝食用无机肥料。整形方式采用单臂篱架（厂字形），减少冬季埋土的用工量，保证了营养物质在葡萄果实的积累，减少枝条徒长。酒庄葡萄园周边配置了各类林带，为阻挡风沙打下良好基础。

留世酒庄葡萄园

宁夏留世酿酒葡萄基地位于贺兰山东麓酿酒葡萄地域产品保护区内，种植面积200亩，主要栽培品种赤霞珠，是宁夏地区酿酒葡萄栽培时间最长的基地之一。基地聘请葡萄栽培专家进行技术指导，每亩限产500公斤。多年来公司遵循无公害栽培原则，肥料主要以羊粪、磷肥、腐殖酸为主，采用国际先进的病虫害防治技术，病虫害轻微，从而使葡萄品质得到了极大地提高。

公司酿酒葡萄基地原料成就了“加贝兰”、“银色高地”两大品牌。2011年9月7日，在“品醇客”世界葡萄酒大奖（Decanter World Wine Awards）上，用该葡萄基地原料酿制的2009年份加贝兰干红葡萄酒荣获10英镑以上波尔多类型红葡萄酒的国际大奖。专家说：“加贝兰最大的优势首先是原料上的优势”。2013年，同样来自留世酿酒葡萄基地原料酿制的“银色高地阙歌”干红再次摘得最佳中国红葡萄酒桂冠。

雷士工贸葡萄园

宁夏雷士工贸有限公司在青铜峡市甘城子乡大沟村建设高标准葡萄园215亩，全部采用脱毒苗。在园区建设方面，引进以色列水肥一体化灌溉系统，科学种植，实现灌溉自动化系统

兰一酒庄葡萄园

雷士工贸葡萄园

远程操控。将现代科技Android系统或IOS系统或windows系统与GIS（地理信息系统）相结合，应用于葡萄园管理，方便准确采集相关数据，进行实地测绘、调绘，利用手机的拍照和录影功能，对每棵葡萄树进行信息采集和更新，实现葡萄园的综合管理和分析预测，指导葡萄园精细化、规范化、科学化管理。

酩悦轩尼诗夏桐（宁夏）酒庄葡萄园

酩悦轩尼诗夏桐（宁夏）酒庄葡萄园坐落于贺兰山下，总面积1020亩。葡萄园种植传统起泡葡萄酒酿造品种霞多丽和黑比诺，且采用脱毒葡萄苗建园。葡萄园灌溉及施肥系统均采用以色列水肥一体化自动控制技术，可实现水和肥料的精准控制。拥有葡萄园专用喷药机、拖拉机、修枝机等设备，提升了葡萄园的机械化管理水平。夏桐是酩悦轩尼诗旗下全球起泡葡萄酒的领导品牌。

农垦玉泉营南大滩葡萄园

农垦玉泉营南大滩葡萄园位于贺兰山东麓百万亩葡萄产业带核心区——玉泉葡萄产业城，面积700亩，主栽品种为梅鹿辄。园区林、路、渠、灌溉基础设施配套完善，园区整齐，是自治区现代农业示范基地、西夏王酒业公司高档葡萄酒原料基地。园区主要采用了全程质量控制技术、节水灌溉技术、优化架型技术、统防统治技术。

农垦玉泉营南大滩葡萄园

葡萄园从优良品种选择、生产资料投入监管、栽培技术创新、葡萄原料质量、葡萄酒酿造等方面建立了从葡萄园到餐桌的全程质量溯源体系，确保了“西夏王”葡萄酒“原生、原产、原酿”的高端品质。

志辉源石酒庄葡萄园

志辉源石酿酒葡萄园位于银川市西夏区镇北堡镇昊苑村，于2008年建园，现有基地面积1600亩，6年生优质葡萄园300亩。葡萄园区内道路畅通，交通便捷。公司培育专业技术人员对葡萄园区进行精细

志辉源石酿酒葡萄园

管理，主栽品种为霞多丽、梅鹿辄、赤霞珠。葡萄栽植全部采用南北行向，架形为篱架。2013年300亩优质园整形方式全部改为“厂”字形，树体健壮，树形美观，含糖量为220~235克/升，产量为200公斤/亩，所产的酿酒葡萄全部供给志辉源石酒庄用。

青铜峡佳源合作社葡萄园

青铜峡佳源合作社葡萄园

葡萄园位于贺兰山东麓中部——青铜峡市树新林场甘城子分场，2003年定植，总面积1700亩，优质园1300亩。葡萄园采用绿色有机生产标准进行管理，以有机肥为主，树势健壮，园区整齐，主栽品种赤霞珠、蛇龙珠、霞多丽，分品种定植，亩产控制在500公斤以下。所产酿酒葡萄品质极佳，为酿造优质葡萄酒提供了良好的原料保障。

六、葡萄园的未来

优越的自然地理条件决定了贺兰山东麓生产高端葡萄酒的基础，根据国内外专家的建议，贺兰山东麓的葡萄园正在解决以下几个方面的问题。

调优品种布局。贺兰山东麓赤霞珠种植面积占酿酒葡萄基地面积的70%以上，整个产区品种结构比较单一，并且这个品种明显存在抗病能力弱的特点，产业发展存在着潜在的风险。因此，各产区要依据不同类型土壤，选拔筛选出抗性强、最适宜的优良栽培品种，适当增加梅鹿辄、蛇龙珠、西拉、雷司令、贵人香、霞多丽等优质品种的比重，积极推进产区葡萄主栽品种的差异化、个性化、多样化，实现栽培品种的区域化、多样化。自治区政府也已意识到这个问题，在其《贺兰山东麓葡萄产业集群发展优化提升实施方案（2013—2017）》中明确提出，未来银川产区主导品种以赤霞珠、梅鹿辄、西拉、霞多丽、长相思等为主；石嘴山产区主导品种以梅鹿辄、赤霞珠、黑比诺、霞多丽、雷司令等为主；青铜峡产区主导品种以赤霞珠、梅鹿辄、黑比诺、霞多丽、贵人香等为主；红寺堡产区主导品种以黑比诺、梅鹿辄、赤霞珠、霞多丽、长相思等为主；农垦产区主导品种以赤霞珠、梅鹿辄、蛇龙珠、霞多丽、贵人香等为主。

提升苗木质量。优质葡萄苗木既是葡萄生产的前提和基础，也是提高葡萄质量和葡萄种植效益的必要措施。贺兰山东麓被国内外葡萄酿酒专家公认为我国最佳酿酒葡萄生态区之一，然而由于开发历史短，葡萄藤太年轻，在很大程度上制约了葡萄酒的高端发展。另外，葡萄苗木带毒问题也急需解决。宁夏各地基本上都是农户小规模育苗，大多数葡萄基地还从辽宁、河北、山东等地调运葡萄苗木，不但异地调运成本巨大，还造成病虫害的转移传播。因此，尽快建立宁夏自己的优质葡萄苗木研究中心，解决优质无毒葡萄苗的短缺问题，就成为加快贺兰山葡萄产业发展，建立高标准高档次优质葡萄基地的当务之急。

迅速建立统防统治的体制机制。宁夏由于自然条件的原因，各类病虫害比较少，常见的有霜霉病、灰霉病、白粉病、毛毡病及叶蝉等病虫害，都是常规病虫害，是可以预防与控制的。但是2013年的葡萄霜霉病，造成了一定的损失，为贺兰山东麓葡萄产业的健康发展敲响了警钟，需要迅速建立统防统治的体制机制。尽快建立统一的病虫害监测预报制度，建立覆盖主产区的监测预报点，对葡萄病虫害进行常态化的监测防控；安排专家定期对主产区葡萄生长情况进行实地调研，指导生产，并编写印刷统一的葡萄病虫害防治技术规程手册，在各主产区果农中广泛进行普及和宣传；组建专业统防公司，市场化运营，统一组织防治，确保贺兰山东麓产区生产的葡萄优质安全。

肆 列级酒庄

一、酒庄的起源

当今世界，葡萄酒的发展分为“传统派”与“现代派”。“传统派”主要分布于西欧，以法国、意大利、西班牙、葡萄牙等最为著名，它们盛产酒庄酒，特点是名牌多、量少、价格高、适合上流社会消费；而相反，以美国、澳大利亚为代表的“现代派”，则推崇工业化流水线生产，占据着主流市场。若不论优劣，单是给两种模式打上标签，那么，美澳等现代派必然在“普及”和“认知”上占据上风，传统的法国酒庄酒则更多地带有“内涵”与“了解”的印记。

酩悦轩尼诗夏桐（宁夏）酒庄

宁夏圣路易·丁酒庄

“酒庄”（Chateau）一词源于法国波尔多，原意是城堡。随着葡萄酒产业的发展，越来越多的葡萄种植和酿造者喜欢把酒厂和住所建在葡萄园中，从葡萄栽培到葡萄酒生产（酿造、灌装、陈酿）全过程都在当地完成。逐渐地，在葡萄酒用语中Chateau有了一个更准确的含义，那就是“酒庄”。葡萄酒庄是葡萄种植、酿造、灌装和销售的场所，要想拥有葡萄酒庄，必须要有酒庄自辖的葡萄园，要有一流的酿酒师和丰富的酿酒技术，以保证葡萄酒的高质量。

葡萄酒庄象征着传统精致的工艺和高质量、高口味的产品。与一般的中低档葡萄酒相比，酒庄酒的品质纯正优良。为了保证口味的纯正，酒庄酒大多采用传统手工方式酿造，酒的价值高。有时候，如果某年的葡萄品质未能达标，顶级酒庄甚至不生产葡萄酒，这也是酒庄保证其品质的最有力措施。酒庄还具有传播葡萄酒文化，普及葡萄酒知识的功能。在这里，葡萄种植和酿酒不仅是一个生产过程，还能让参观者直观而强烈地感受到葡萄酒的内涵，同时，葡萄酒庄还有旅游、休闲的功能。葡萄酒庄代表的是一种高雅的文化口味，代表一种精致的工艺态度，代表一种无可挑剔的高质量，是葡萄酒中的贵族。

酒庄起源于17世纪的法国。如今世界顶级的酒庄基本都聚集在法国。其中拉菲酒庄、拉图酒庄、木桐酒庄、玛高酒庄、红颜容酒庄等在国内市场都已经具有很高的认知度。

中国最早建立的酒庄是张裕的卡斯特庄园和容辰庄园，容辰庄园同时也是当时亚洲最大的私家庄园。随着国内葡萄酒产业的崛起和竞争的日益激烈，以追求品质和个性为目标的葡萄酒庄在国内各个产区不断涌现。在山东、河北、山西、甘肃、新疆都有多个不同规模的酒庄投入生产或处于建设中，其中比较知名的包括：山东君顶酒庄、河北桑干酒庄、北京张裕爱斐堡，山西怡园酒庄、甘肃旭源酒庄、新疆乡都酒庄等。此外，国际资本也在不断加大对我国酒庄的投入。例如拉菲（DBR 集团，Domaine Baron Rothschild）在山东投资了自己的葡萄园；甚至非传统葡萄酒的外资企业，如威盛集团（台资电子企业）也在怀来收购中法庄园，并新建了盛唐酒庄；泰国德隆集团在宁夏投资建设了葡萄园。同时，具有外资背景的个人投资也发展了一些小型的酒庄项目：山西怡园的香港资本、山东登龙苏格兰酒庄的苏格兰背景，甘肃旭源来自希腊的投资，以及其他一些海外华人背景的葡萄酒投资项目都在运作中。

宁夏的酒庄酒也已经起步，发展态势良好，包括西夏王玉泉国际酒庄、志辉源石酒庄、贺兰晴雪酒庄在内的一些优秀酒庄为提升宁夏葡萄与葡萄酒产业的知名度起到了积极的作用，它们在国内外逐渐建立的知名度，也带动了国内外投资宁夏酒庄的热情。酒庄酒对宁夏葡萄与葡萄酒产业的推广、定位、个性化，强化宁夏葡萄与葡萄酒产业的竞争力都具有重要的意义。

酒庄的大发展得益于自治区政府于2011年出台的《贺兰山东麓百万亩葡萄产业带暨文化长廊发展规划》。该规划中明确提出要大力发展贺兰山东麓的葡萄酒庄，并提出到2020年要建成100个以上的酒庄（堡）的目标。规划一出台，就带动了宁夏酒庄的发展热潮。2011年仅银川市就有30多家企业申请建设葡萄酒庄，第一批批了17家。国际酒业巨头酩悦轩尼诗、保乐力加，国内的张裕集团等也纷纷瞄准了贺兰山东麓这一风水宝地，陆续在此投资建设优质酒庄。可以说，酒庄在贺兰山东麓，正在飞速发展。

《英国独立报》在2013年10月19日刊载题为《中国决心成为世界葡萄酒强国》一文中提

宁夏长城云漠酒庄效果图

建设中的长城云漠酒庄

宁夏禹皇酒庄酒窖

到："如果你想到访葡萄酒的迪斯尼乐园，可能会期望看到有着深红色塔楼和金色大门的城堡、带着喷泉的雕塑、铺满大理石的接待室、葡萄酒博物馆，以及听到那些有意境的名字，如巴格斯酒庄、德大酒庄或是圣路易丁酒庄。所有这一切，甚至是更多东西都能在中国的宁夏——一个从北京往西两小时航程的地方找到。"这是当前贺兰山东麓酒庄发展的真实写照。

实践证明，酒庄是优质葡萄与葡萄酒产区建设不可或缺的因素，体现和带动着葡萄与葡萄酒人对品质和个性的坚守与追求，展示了一个产区的可能潜质，并以其更丰富的文化内涵，提升产区的知名度、文化和商业价值。酒庄与大型酒厂比起来，规模小，更适合个性的探索，从而使一个产区不易出现产品同质化的问题。如果将一个明星产区比作皇冠，那么酒庄就是皇冠上的明珠。

同时，酒庄比酒厂更适合做文化的载体，生产酒庄酒的葡萄园常常能获得更细致的管理，景观上酒庄也比酒厂有更多的生态与艺术追求，酒庄的建筑、文化展示等，使酒庄除了生产功能外，往往还承担着餐饮、休闲、文化旅游和教育、体验的功能，是将葡萄与葡萄酒产业从第一和第二产业，延伸到第三产业的重要载体。国外的发展经验表明，第三产业可能在酒庄的经济与社会功能中占有重要的地位，从而能更好地实现酒庄酒的文化和品牌价值，同时也为产区的发展提供更多的文化支撑。

贺东庄园的枕木小路

二、宁夏列级酒庄评定标准

列级酒庄是指在分级体系中占有一席之地的酒庄。法国人在历史上首先以酒庄为载体完成了官方葡萄酒分级制度。

1855年，法国正值拿破仑三世当政。三世国王想借巴黎世界博览会的机会向全世界推广波尔多的葡萄酒，而且想让全国的葡萄酒都来参展。于是，他请波尔多葡萄酒商会筹备一个展览会来介绍波尔多葡萄酒，并对波尔多酒庄进行分级。这无异于去捅一个马蜂窝，因为那些酒庄个个都很自以为是。于是波尔多商会把责任推托给一个葡萄酒批发商的官方组织Syndicat of Courtiers，让他们将所有酒庄分为5级。两周后，Syndicat of Courtiers拿出了他们的分级，包括59个酒庄：1个超一级，4个一级，12个二级，14个三级，11个四级和17个五级。超一级酒庄为：d' Yquem（吕萨吕斯酒堡），4个一级酒庄为：Lafite-Rothschild（拉菲），Latour（拉图），Margaux（玛歌），和Haut-Brion（红颜容）。所有的列级酒庄，一般会在酒标上标注：Grand Cru Classe 。

酒庄主人都以入围列级酒庄为荣，这个分级表更能给他们带来实实在在的好处。每年春天，当新酒出窖准备销售时，酒庄主人都要与酒商一起给葡萄酒定个合理价格。作为法国最大的省份，波尔多主要的经济活动就是葡萄酒，可以说，定价合理与否，关乎波尔多的经济前途。试想，几千家酒庄生产者卖酒给几百名酒商，如果每年都从头讨价还价，会是怎样的混乱。在很长一段时间，这个分级表都起着市场价格表的作用，它使交易双方能找到一个共同的出发点，并快速计算评估出当年葡萄酒的合理价格。譬如，某酒庄一直按三级酒庄在卖酒，如果三级酒庄的价格公认为每瓶100法郎，这个价钱就会被买卖双方所接受，并以此为基础讨价还价。

分级表本来是为业内人士而定，但它却在社会上广为流传。当时，这个分级表每次再版印刷时，波尔多的酒庄、酒商和经纪人都要根据最新市场情况来调整，消费者也都习惯于根据这个分级表来了解波尔多最好的葡萄酒。分级体系成为当地葡萄酒贸易的重要基石，是法国葡萄酒发展的重要助推器。

目前，许多国家和地区的葡萄酒产区都在纷纷效仿这一分级管理机制。宁夏是国内首个采用这一国际化管理模式的葡萄酒产区。

宁夏的列级酒庄制度在波尔多1855年分级制度的基础上进行调整创新，制定了《贺兰山东麓葡萄酒产区列级酒庄评定管理办法》。该体系实行五级制，依据苗木品种及纯度、葡萄产量、葡萄酒盲品得分、获奖情况、销售价格、商标等级、酿酒师等级以及酿酒文化等9项指标，将贺兰山东麓产区的酒庄评定为一级酒庄、二级酒庄、三级酒庄、四级（优质）酒庄、五级（旅游）酒庄5个等级。所有参评酒庄都必须先从最低级五级开始评选，若要晋升到最高级一级酒庄，最少需要10年时间。列级酒庄制度从2013年起在贺兰山东麓产区逐步实施，每两年评定一次。通过列级酒庄制度，将从苗木种植、产量控制、酿酒工艺、产品质量等方面对贺兰山东麓葡萄酒产区进行全面规范和引导，以此树立贺兰山东麓品牌影响力。

参评列级评定的酒庄必须具备以下条件：

- 酒庄须位于贺兰山东麓酿酒葡萄保护区域范围内，主体建筑具有特色，与自建种植基地位于同一视野，酿造、陈酿、灌装和瓶贮过程全部在本酒庄内进行，具备陈酿、瓶贮等葡萄酒贮藏条件和设备，具有一定的旅游休闲功能。
- 酒庄酒原料必须来自酒庄自有种植基地，产品必须符合国家葡萄酒质量标准。
- 酒庄自有基地葡萄树龄在5年以上（含5年）。酒庄种植基地的基本数据必须按相关规定在自治区葡萄花卉产业发展局登记存档，并接受随机查验。
- 酒庄葡萄园种植规范美观，缺株断带不超过10%，小区按品种种植，小区内单品种纯度在90%以上；苗木来源可靠，无检疫性病虫害及危害性病毒；葡萄产量控制在500公斤/亩以内，无大小年现象等。
- 酒庄酒质量稳定，典型性明显。
- 酒庄有稳定的技术人才队伍，支撑酒庄技术提升。
- 酒庄有稳定的销售渠道和市场。
- 酒庄酒抽检时质量合格。

评定委员会结合酒庄发展实际，按照《宁夏贺兰山东麓葡萄酒产区列级酒庄评分标准》进行评分。

- 总分188～198分为一级酒庄；

- 总分168～187分为二级酒庄；
- 总分158～167分为三级酒庄；
- 总分138～157分为四级（优质）酒庄；
- 总分118～137分为五级（旅游）酒庄。

2013年9月，贺兰山东麓列级酒庄第五级（旅游酒庄）评选活动在银川举行，由国际旅游学会、贺兰山东麓葡萄与葡萄酒国际联合会联合组织评选。报名参加五级酒庄评选的有40多家酒庄。通过对葡萄酒、葡萄园和酒庄旅游设施的质量，包括餐厅和住宿条件等，对参评酒庄进行打分。评委一共评出了10家五级庄。2015年，这些酒庄将再次被评估，有的酒庄可能晋升为四级庄；到2017年有些酒庄将有机会提升为三级庄，以此类推。该项目的目标是8年后每个级别都能拥有一定数量的酒庄。如果不能保持高质量，酒庄将会被降级甚至从列级中被除名。

2013年被列为五级庄的10个酒庄分别是：西夏王酒庄、源石酒庄、贺兰晴雪酒庄、巴格斯酒庄、原歌酒庄、张裕摩塞尔十五世酒庄、兰一酒庄、禹皇酒庄、类人首酒庄、铖铖酒庄。

专家们对于宁夏的列级酒庄制度给予了充分的肯定。中国农业大学的马会勤教授说："酒

西夏王酒庄里现代化的生产车间

庄分级体系的推出能够提升和保护宁夏葡萄酒的声誉，类似一道防火墙，有利于防控劣质酒庄对整个宁夏葡萄酒产业可能造成的食品安全风险。”实行列级酒庄制度对于确保贺兰山东麓葡萄酒产区卓越的品质和品牌优势具有重要的意义。

三、宁夏十大列级酒庄之旅

从银川市区出发向西20公里抵达与沿山公路重合的110国道，就是贺兰山东麓葡萄酒产区的入口处。以新小路为中界，向北可以游览的酒庄有贺兰晴雪、源石酒庄，而向南则是以葡萄酒小镇为中心的近10个酒庄。

西夏王玉泉国际酒庄：“西夏王”与“轩尼诗”在这里相遇

沿山路向南10公里是宁夏农垦西夏王玉泉国际酒庄，到这里就进入了宁夏农垦“葡萄酒小镇”的核心区域，隔着大片的葡萄园很远就可看到玉泉酒庄的建筑。与其他酒庄相比，这个诞生“西夏王”葡萄酒的酒庄气势不凡。酒庄巧妙地将宋朝建筑文化风格和当地西夏文化特色融为一体，占地面积达3万平方米，建筑面积8000平方米，年产葡萄酒200吨。

作为宁夏“葡萄酒小镇”的主打酒庄，除已种好的13亩葡萄园外，该酒庄也是区内最早向游人宣传葡萄酒知识，开展葡萄酒体验之旅的酒庄。酒庄大厅进门左边，是宁夏农垦30万亩葡萄基地的模型，酒庄和基地的位置在上面一目了然。前行走廊两旁，展示着西夏王葡萄酒和各种葡萄酒书籍、艺术品，琳琅满目。酒庄的酒窖中摆放着上千只标准进口橡木桶，葡萄酒在此变得愈加成熟醇香。众多知名人士也都在此留下了笔迹。酒窖装饰艺术大气，门窗、灯饰、壁画等处处将葡萄酒文化演绎得淋漓尽致。令人印象深刻的是酒窖里的纯实木组合酒架：边角造型细致、线条流畅、对接精美，卡口结构环环相扣，浑然一体，且可以自由装卸，满足不同高度要求，人性化十足。葡萄酒文化长廊通过多种渠道向游客展示了丰富的葡萄酒知识，例如：通过大屏幕放映、触屏电子书展示、逼真的人物模型等，生动形象地将葡萄酒知识传达给游客。此外，还有葡萄酒历史、珍贵的葡萄酒酒标收藏、世界优质葡萄酒产地地图、酿酒葡萄样本、葡萄酒教育培训机构以及软木塞的制作等各种相关知识，让人大饱眼福。在酒庄二楼的体验区，可以看到葡萄酒制作全过程，讲解员会告诉你如何将采摘来的葡萄进行破碎、榨汁、澄清、发酵……酒庄的品鉴室里，各种器具一应俱全，十分专业；在观景阳台，不仅可以轻酌美酒，放眼远眺，无限风光亦可尽收眼底。此外，酒庄还建有200平方米的VIP藏酒区、雪茄吧、放映室、多功能会议室等，可以满足客人越来越多样化的需要。

西夏王玉泉国际酒庄

酒文化陈列馆

最吸引人的是，该酒庄在二楼有一间法国轩尼诗酒陈列室。法国酩悦轩尼诗公司隶属法国酩悦轩尼诗·路易威登集团，是世界500强企业之一，在亚太地区15个国家和地区设立分公司，生产出的起泡葡萄酒、XO干邑等产品享誉全球。据了解，从2008年开始，轩尼诗酒业集团就先后对中国9个葡萄酒产区进行了深入考察，最终确定与宁夏农垦合资经营1000亩葡萄园，2011年5月5日，酩悦·轩尼诗夏桐葡萄酒庄在宁夏农垦黄羊滩农场葡萄种植园区举行奠基仪式。距“西夏王”于2000年在法国巴黎名酒博览会上捧回金奖11年后，“轩尼诗”和“西夏王”相遇，一旦握手，他们相约要共同打造“中国起泡酒第一区”。

酒庄集葡萄种植、葡萄采摘、葡萄酒生产、葡萄酒文化旅游、葡萄酒自酿、休闲度假、住宿会议、世界葡萄酒文化展览、葡萄酒品评培训等功能为一体，是目前西北规模最大、功能最全的个性化中式葡萄酒庄。酒庄目前的旅游项目主要是参观、采摘、会议、用餐、葡萄酒文化交流以及订制个性化葡萄酒。采摘价格会根据当年葡萄的市场价格来确定。地下品酒室还设有葡萄酒品鉴区域，供大家品尝和交流。葡萄园中还保留着30年树龄的葡萄藤。酒庄目前免费提供婚纱照拍摄场地。

法国轩尼诗酒陈列室

酒庄地址：银川市永宁县玉泉营大街1号

参考价格：30元（包含免费品尝一款葡萄酒）

周边景点：西夏王陵

酒庄网址：http://www.xixiaking.com.cn

志辉源石酒庄：石头城和“凡·高路”

志辉源石酒庄位于沿山公路银川段的中间位置。酒庄总占地面积2650亩，其中葡萄种植园2600亩，酒堡占地面积50亩，建筑面积12000平方米。酒庄建筑包括酿酒车间、灌装车间、品酒大厅、文化展示馆、地下储酒区、VIP会所以及生态多样性温室。该酒庄2009年开始酿酒，可以在酒堡中参观到其生产的四个品级的葡萄酒，除已经小有名气的“山之子”系列外，还有采摘酒、石黛酒以及高尔夫会员酒。

酒庄的建筑风格独树一帜，处处体现“生态、节能、环保”的理念。这里的每一栋建筑，每一堵墙，每一条路，都是就地取材，用石头筑成，俨然一座“石头城”。摸着那由一块块或橙红或淡青的贺兰石砌筑而成的墙壁，你似乎能够穿越时空，感受贺兰山东麓悍烈硬朗的

志辉源石酒庄

志辉源石酒庄的凡·高路

山风。而地下酒堡中，镶满整面墙壁的银杏叶、葡萄藤编制而成的屋顶，一叶一藤更显自然质朴之美。最有趣的要算酒堡中蜿蜒的“凡·高路”。这条小路用各种杂色废弃的砖块铺成“S”花形，行走其间只要盯着前方的小路，就会仿佛进入凡·高著名的作品《星月夜》，螺旋式上升向前的感觉不仅美丽，更是充满哲学意蕴。

这里原是一个废弃的采石场，经过主人的一番精心设计，将废石重新利用，结合中国传统的石雕、青砖、青瓦等点缀，以1958年银川剧院的木梁做横梁，使酒庄的建筑既自然又富有历史感。作为宁夏沙石矿场有效治理的典范，酒庄的看点有三：利用沙石采空区的高低地势建成多层复式酒庄；整个酒庄的建筑主材料都是从沙砾中选出的石块；将砂石采集后的山地灰钙土种植葡萄的最佳土壤之一

酒品展示厅

合理利用。

酒庄的采摘园一年三季都可采摘到新鲜水果：春季采桑葚，7月采香梨，9月摘枣，10月采葡萄。此外，酒庄的绿化人工湖旁设有专门的烧烤区，会所内也配有简餐。酒庄在展现中国传统文化的同时，更给游人提供了休闲、度假、品酒、欣赏高雅文化的场所。

酒庄地址：银川市西夏区镇北堡吴苑村志辉公司万亩生态园区内

参观价格：60元左右，包含酒庄参观门票以及品尝3款酒庄酒

住宿：酒庄内设有一个四星级宾馆、两个窑洞式宾馆，共50个房间

周边景点：贺兰山葡萄酒旅游专线、高尔夫球场

联系电话：0951-5685880

酒庄网址：http://www.yschateau.com

贺兰晴雪酒庄：加贝兰传奇

贺兰晴雪酒庄葡萄基地位于宁夏葡萄产业科技示范园内。酒庄名称源自明太祖朱元璋第十六子庆靖王朱栴的诗句。朱栴封地宁夏，有感于6月仲夏，贺兰山的山顶依然有皑皑白雪点缀山头，写出了“积雪日烘岩冗莹，晓云晴驻岫峰奇”的诗句，贺兰晴雪的名字也由此而来。

贺兰晴雪酒庄

酒庄依托贺兰山得天独厚的产地优势，恪守“好的葡萄酒是种出来”的理念，专心做好酒。从2005年开始，该酒庄每年精心酿造的加贝兰干红葡萄酒都分别在不同的国际国内葡萄酒大赛中荣获大奖。加贝兰的名字源自“贺兰”二字，含蓄地表示了优质原产地的身份。2011年9月，在被誉为葡萄酒界“奥斯卡”的《品醇客》世界葡萄酒大奖赛中，加贝兰2009特别珍藏干红荣获国际特别大奖，成为中国葡萄酒在该赛事上获得的最高奖项。同年，在英国《Decanter》杂志2011年区域大奖产品复评中，该酒又获得“波尔多品种混酿葡萄酒10镑以下价位”国际特别大奖。这款完全由中国技术背景酿制的葡萄酒的成功，极大地鼓舞了宁夏乃至中国的葡萄酒酿造者。

贺兰晴雪酒庄酒窖

贺兰晴雪酒庄建造在原属于银川市防护林办公室的200亩冲积扇地块上，紧邻其身后就是军用飞机场。也正因为毗邻空军基地，这个地块保持着从未被开垦过的原生态。从2005年建园起，贺兰晴雪酒庄种植有100亩的赤霞珠、25亩的梅鹿辄和7亩的霞多丽，酒庄正东面则是一大片种苗基地试验田，有16个不同的品系，包括佳美、西拉、品丽珠、胡珊、维欧妮等。

贺兰晴雪酒庄冬景

除了不同的品系，试验田里面还有为葡萄藤冬季的埋土防寒研究设计的不同架式。在不远处的西夏王陵，还有两片他们和当地农民的合同基地，包括1997年种植的200亩赤霞珠和30亩的梅鹿辄。

2011年贺兰晴雪酒庄被评为中国魅力酒庄。

行车路线：从银川市区出发，沿北京西路向西，西夏广场110国道右拐100米左侧即到

周边景点：西夏王陵、沙湖旅游风景区

巴格斯酒庄：酒神的宫邸

巴格斯是西方的酒神，以其命名的巴格斯酒庄，位于银川市永宁县玉泉营农场，由两家葡萄种植园和一家绿色人文酒庄组成，总面积1670亩。巴格斯酒庄按照国内一流葡萄酒庄“绿色”、“健康”、“人文”的原则兴建，总建筑面积5500平方米，全部为欧式建筑，年生产300吨酒。

庄主王彦辉1990年从宁夏大学中文系毕业后，在国企工作了8年，随后和丈夫、家人一起创业，开了一家服装加工厂。1999年投资2000万元创立巴格斯酒庄。走进酒庄大门，迎面是一条宽阔的大道，这条大道把接待中心、发酵车间、地下酒窖连在了一起。大道两侧有着仿古的欧式路灯以及修剪整齐的草坪。院子的正中间是酒神巴格斯的雕像，也是酒庄的象征之物。酒庄由三大建筑群组成，分别是：酿酒车间、地下酒窖、商务中心。酒庄的酿酒车间为欧式建筑，外观雄伟壮美。由发酵车间、罐装车间组成。车间有22台带有自动控温冷带的不锈钢酒罐，一次性发酵能力450吨，总贮酒能力为300吨。酒庄的地下酒窖建在地下6米深处，常年恒温、恒湿。300平方米的酒窖分为三个区域：桶储区、会员酒瓶储区、地下酒

巴格斯酒庄

吧。桶储区共能存放200个225L的由法国橡木精心制作而成的橡木捅，一次能贮酒45吨；瓶储区一次储酒量为20000瓶；地下酒吧是专为品酒而设置的，凉爽湿润，浓郁的橡木及葡萄酒香给人以全新的原生态感觉。酒庄的商务中心是一座弥漫着浪漫气息的二层别墅，是专门为酒庄会员设置。在这里，会员可以享受到星级酒店般的服务，阳台上放眼望去，百亩葡萄园迎面而来，让人不知不觉融入大自然的美景之中，大厅中央屋顶喷绘的欧洲中世纪名画让人们仿佛置身于欧洲中世纪的古老城堡之中。

巴格斯酒庄还专门为葡萄酒爱好者设置了展卖厅，在这里您可以了解酒庄的发展历程，也可以挑选到您心仪的葡萄酒。同时，酒庄将为金卡会员特制礼品酒，并提供个性化包装服务，既可以根据贵宾要求设计标签作为专用，也可以由贵宾提供自己设计的酒标，粘贴在自己的藏酒上（符合国家标准），在这种个性化标签上，您可以签上自己或企业的名字，也可以用一个重要的日期或以您的家庭、企业有纪念意义的照片为主图等等，使您的葡萄酒成为独一无二的具有纪念意义的收藏品。

金色音乐大厅

巴格斯一直致力打造酒庄文化：秉着为消费者不仅仅带来优质葡萄酒，还要给消费者精神上的深层体验——知酒、懂酒、爱酒，成为“酿者觅酒，喝者醉酒，懂者藏酒，智者品酒”中的一分子。2013年，巴格斯酒庄将葡萄酒文化与音乐文化结合，推出了首届酒庄音乐季。音乐季从5月一直举办至11月，长达7个月之久。2013年6月，在葡萄开花的季节，酒庄又借鉴了法国波尔多经验，举办了全国首个“酒花节”。

商务中心

巴格斯酒庄的葡萄园管理得非常好。在自治区林业厅管辖内的金沙千亩葡萄园，所有的葡萄串都挂在离地面30厘米处的位置，树梢都整齐地打过了顶，叶子疏密适宜，葡萄串都完美地暴露在阳光之下。酿酒师之一的鹿永亮以勃艮第学到的剪枝方式管理葡萄园，如剪枝时会为每个枝条留下5~8个芽孢，每个芽孢抽条之后留下2~3个果穗。同时他也认为，他们在葡萄园里下的许多工夫不仅仅来自于书本，许多经验是书本上不会教到的，甚至与书本背道而驰，比如酒庄之前使用的是砧木，但是这种方式不适合盐碱地的条件，所以改用了河北怀来中法庄园培育的苗木。除了用心的田间管理，酒庄也做了许多基础性的土壤改良的工作，他们尝试过换土，把沙子、黄土和羊粪拌在一起铺在葡萄园里，以有机肥方式改善土地品性。在葡萄种植之外，酒庄也专门开辟了145亩生态林，这对改善和优化葡萄园附近的微型生态环境大有好处。

巴格斯酒庄在全国的6个城市分别设立了办公室，进行只针对私人客户的售卖。对于一个年产量不到50吨酒的小酒庄，这样的销售方式可以直接有效地到达目标客户。

行车路线：银川至永宁县玉泉营农场约24公里，途经1 09国道

酒庄网址：http://www.ycbgs.com

联系电话：0951-6710335

原歌酒庄：山高人为峰

原歌酒庄位于贺兰山东麓北段，贺兰县境内。从影视城门口经过，北上几十公里，拐进一段东西走向的乡间小道，迎着山继续往前就到了。酒庄占地面积400亩。以打造生态农庄

原歌酒庄

为经营方向的原歌酒庄，处处体现生态、绿化的概念。酒庄坐落在一片葡萄园之间，旁边的湖水青翠如画，为酒庄增添了些许灵气。新修建的葡萄长廊，专供游人采摘鲜食葡萄。此外酒庄的品鉴室、储酒室也可供游人参观，并提供VIP会员服务。值得一提的是，酒庄的建筑外形犹如一架三角钢琴，颇有艺术美感。

提起原歌酒庄，许多人都感到非常陌生，甚至连宁夏当地的酒界专业人士对它都知之甚少。酒庄的主体建筑2013年才刚刚落成。但就是这样一个全新的酒庄，在品酒中却异军突起，原歌2012获得宁夏10大葡萄酒银奖，成为黑马酒庄。目前，酒庄出品三个系列：原歌，属于酒庄的高端产品，用的是最好的原料，树龄平均达到14年；戈丽雅，属于中端品牌，原料树龄大概10年左右；丽丝，属于酒庄的基础款。这些酒每年的产量根据原料的品质来定。酒庄定位是小而精，并且把产品定位为中高端，价位定位在500元以上。

酒庄主体建筑为已故著名建筑设计师端木先生遗作。远看房顶呈波浪形，颇具现代风格。但近看这波浪却是左右两撇人字型组成，寓意为“山高人为峰”。而墙体则是中式的青

砖、镂空。酒庄将根据主体建筑的趋势，采用1吨、5吨、10吨甚至20吨的大小不等的发酵罐、储酒罐。这样做的目的，除了能合理利用空间，也可以区分原料来源地块，进行分罐发酵，做到原料酿造精细化。

现在，原歌酒庄拥有葡萄田500亩，全部围绕在酒庄周围，相对于玉泉营和甘城子，这里风不是太大。由于地处贺兰山东麓北部，所以这里的土质属于较大块的石砂砾土壤。土层深达1米，由洪水直接从山上冲下来。石头大，土壤里含有许多有机质，十分有利于葡萄的种植。这里的葡萄虽然只有三年树龄，还太年轻，酿出的

原歌酒庄

酒差点风味，但是成熟度非常好，离采收季还有一个月，其含糖量就已达到240克/升。

在经过过去三年的酒庄建设和葡萄园栽培后，未来原歌的主要任务是加强对葡萄园的整改，以及开始对出产的葡萄酒进行品牌营销。

行车路线：110国道1218里程碑以西的葡萄生态产业区

周边景点：志辉源石酒庄

张裕摩塞尔十五世酒庄：首家成功打入欧洲市场的中国酒庄

张裕摩塞尔十五世酒庄位于银川经济技术开发区，由烟台张裕公司投资6亿元兴建，是一个集葡萄种植、高档葡萄酒生产、葡萄酒文化展示、葡萄酒品鉴、会议接待和旅游观光于一体的高档综合型庄园。酒庄占地1300亩，其中葡萄园1000亩。酒庄专属葡萄园3000亩，年酒庄酒生产能力1000吨。酒庄与以葡萄种植见长的欧洲酿酒世家摩塞尔家族合作。摩塞尔家族酿造葡萄酒的历史可以追溯到400年前。摩塞尔十三世是家族中最著名的人物，被称作“现代葡萄种植之父”，他1905年发明了现代棚架种植法——这是人类首次让葡萄树站起来生长，大大提升了酿酒葡萄的品质，在欧洲掀起了一场葡萄园的革命。其著作《葡萄种植》（Weinbau Einmal Anders）被翻译为17种外国语言出版，被誉为“葡萄栽培的圣经”。酒庄聘请其第

张裕摩塞尔十五世酒庄

十五代传人罗斯·摩塞尔担任酒庄首席酿酒师，并以此为酒庄命名。

张裕摩塞尔十五世酒庄的品酒教室

尽管酒庄2013年8月18日才正式开业，但其发展势头十分强劲。张裕摩塞尔十五世酒庄国内市场尚在启动之时，英国皇室御用酒商Berry Bros and Rudd（简称BBR）即宣布为张裕葡萄酒设立永久销售专柜，这意味着张裕摩塞尔十五世酒庄成为首家打入欧洲市场的中国酒庄。首批引进的张裕酒款即包括2008年张裕摩塞尔十五世酒庄红酒。2014年2月3日，BBR官方博客发表葡萄酒教育专家阿曼达·帕克（Amanda Parker）的文章《中国红酒：吉祥的选择》写道："通过最近访问宁夏并品尝葡萄酒，我可以强烈地推荐它——2008年份张裕摩塞尔十五世酒庄红酒，有非常显著的黑醋栗和黑色水果的香气特征，以及暗香浮动的甘草和香料的香气。很好的均衡度，成熟的天鹅绒般的单宁质感，纯净的回味。"

张裕摩塞尔十五世酒庄规划占地1000亩，一期工程占地400余亩，主楼呈拜占庭式建筑风格，酒庄主楼四面环水，独特的雾化效果，给人以云雾缭绕人间仙境一般的感觉。主楼建筑面积13000平方米，分为四层，地上三层，地下一层。一层为接待大厅，灌装生产线、影视厅、"红酒DIY"制作区；二层为张裕故事、张裕历史文化博物馆、红酒秘密、葡萄酒科普互动厅、专业品酒室；三层为多功能区，包括葡萄酒大学、OIV教室、会议室；地下一层为酒窖迷宫和贵宾品酒室。主楼融葡萄种植、高端摩塞尔酒庄酒酿造、葡萄酒文化旅游以及葡萄酒主题品鉴于一体的综合性葡萄酒主题庄园。

酒庄主楼东侧配套建有味美思品鉴中心，品鉴中心面积近6000平方米，这里配有葡萄酒主题餐饮、高端会务休闲场所。在这里可以举行时尚婚礼。可以享受美酒美食带给人的味觉视觉的盛宴。

庄园西侧，一座空中酒廊把酒厂与酒庄有机连接，穿过空中酒廊进入发酵车间，一座球幕影院进入视野，在这里您可以直观体验葡萄酒酿造的过程，配合摩塞尔庄园专属定制的《摩塞尔王国奇遇记》让游客仿佛置身虚拟世界中遨游。

对于干旱少雨的宁夏平原，水资源格外宝贵。酒庄内水系遍布，一条270米的音乐喷泉纵观西景观大道，酒庄主楼四周的水系配合雾化特效更是将江南水的灵气秀美带入了这片绿洲。

园区四周建有葡萄公园，栽植7种国内最具代表性酿酒葡萄品种及多种鲜食葡萄品种，直观呈现每株葡萄品种之间的差异。环葡萄公园而建的葡萄长廊，盛夏时硕果累累。

在宁夏张裕摩塞尔十五世酒庄，可以欣赏到宁夏首座球幕影院带来的梦幻惊奇，味美思品鉴中心带你品鉴一场视觉、味觉的盛宴；抑或定制一瓶专属你的DIY红酒，举办一场浪漫时尚的欧式婚礼；走进空中酒廊跟随“麒麒”、“麟麟”开始一场奇幻的葡萄酒探秘之旅，走进张裕酒文化博物馆，可以品味张裕百年风云，探索红酒的秘密；在酒窖迷宫中挑战自我抑或在葡萄酒科普厅一试身手。

行车路线：文昌南街口下南绕城高速，文昌南街与六盘山路交叉口西行500米

酒庄地址：银川经济技术开发区六盘山路359号

开放时间：夏季：8：30-18：00

冬季：8：30-17：00

参观价格：普通门票：60元

贵宾门票：80元，包含品尝一款酒庄酒“塞上葡园”

周边景点：西夏王陵、镇北堡影视城，苏峪口国家森林公园

联系电话：0951-8506616

酒庄网址：http://www.changyumoser.com

兰一酒庄：美酒配美食

兰一酒庄位于镇北堡镇德林村，毗邻苏峪口国家森林公园、镇北堡西部影视城等旅游景区，占地面积1000亩。整个酒庄的建筑风格与当下推崇的欧美建筑风格截然不同，具有浓厚的中

国味，是一座颇具园林建筑风格的酒庄。木质回廊环绕着的主体建筑平面延伸，显得大气典雅，而廊下的红灯笼则为庄园平添了几分颜色和意味。酒庄在葡萄种植及葡萄酒酿造的基础上，配备了葡萄酒主题旅游、专业品鉴培训、休闲度假、自酿指导四大服务。正在向田园式度假酒店转型的兰一酒庄，设有多功能厅、培训室、储酒室、酿造室，采摘园。酒庄的多功能厅装饰呈伊斯兰风格，墙壁上的木雕花纹是仿造人民大会堂新疆厅设计而成，为酒庄增添了浓浓的异域风情。整个大厅可同时容纳100余人开会、就餐。

酒庄2011年份的“经典窖藏”系列葡萄酒在“2013贺兰山东麓产区香港葡萄酒推荐会”上获得“最佳平衡奖”，其葡萄园获得“2013年贺兰山东麓优质葡萄园”第三名。

兰一酒庄脱胎于在银川市内早有名气的兰一山庄，在接待、美食等方面，确有过人之处。美酒离不开美食，食物也在影响着葡萄酒的口感，坐在欧式宴会厅中，由制造酒的人，为它搭配最合适的食物，确实是一种享受。而这样的服务，的确能够抓住客户的胃口，让葡萄酒文化以最简便的方法渗入人的味蕾中。

行车路线：从银川市区出发，沿银川绕城高速向北，1小时的车程

住宿：20多个房间

周边景点：镇北堡影视城、苏峪口国家森林公园

禹皇酒庄：尚德 · 治酒

禹皇酒庄位于贺兰山东麓青铜峡甘城子，从银川市中心出发，大约1小时车程方可到达。酒庄占地面积32000平方米，建筑采用中国古典徽派艺术的风格，造型简朴优美，色调清雅含蓄，典雅大气。“尚德 · 治酒”是禹皇酒庄坚持的核心理念，将古典主义的方正、遒劲注入红酒的时尚与浪漫之中，为消费者提供高品质葡萄酒。

酒庄建有1000平方米的恒温酒窖，属宁夏最大的酒窖，并引进法国优质橡木桶和先进的意大利酿酒设备，可年产各种优质葡萄原汁及成品葡萄酒7000吨。除酿造、储存车间外，酒庄还设有品酒、观光、住宿等功能区域，为游客提供地道纯正的农家时尚餐饮和宁静舒适的休息客房。酒庄还特意开辟一块土地，种植各种瓜果，名为“百果园”，游客在品酒之余，还可以在这体验采摘的乐趣。

酒庄拥有酿酒葡萄基地8000多亩，主要品种有赤霞珠、品丽珠、蛇龙珠、梅鹿辄、霞多丽、贵人香等。禹皇酒庄对基地进行绿色深化作业，以牛羊粪及玉米秆作为农家有机肥，杜绝化肥等给葡萄品质带来的影响。此外，得益于贺兰山东麓优越的气候条件，基地葡萄的病虫害极少，在园艺师积极预防的情况下，葡萄无需使用农药，并且出产的葡萄糖酸度平衡，酚类物质含量比较高，香气风味复杂丰富。

禹皇酒庄出产公爵、侯爵、伯爵、子爵四大系列干红葡萄酒。其中，侯爵赤霞珠干红在

禹皇酒庄

恒温酒窖

2010年第六届中国国际食品工业经贸洽谈会葡萄酒质量大赛中获银奖。在2013年中国优质葡萄酒挑战赛中，公爵赤霞珠干红、侯爵赤霞珠干红、侯爵蛇龙珠干红三款产品均获质量金奖。

酒庄地址：宁夏贺兰山东麓青铜峡甘城子葡萄产业园

住宿：20多个房间

周边景点：一百零八塔

联系电话：0953-3632200

酒庄网址：http://www.nxyh-wine.com

类人首酒庄的“晚采珍藏霞多丽”

在离西夏王玉泉国际酒庄不远，大片的葡萄园中间，可以看到一幢不同于传统中式建筑的仿欧式红色酒堡，这就是类人首酒庄。对于色彩丰富的葡萄酒之旅来说，类人首酒庄的建筑风格不算突出，但它也有独特之处：“类人首”标志选自贺兰山岩画中的“太阳神”像。酒庄秉承了太阳神图腾所代表的阳光、健康、自然的理念，“全力以赴用心创造好酒，让每一个人尽享风土日月之精华佳酿”是类人首酒庄的目标方向。近年来，酒庄在各种国内外专业性葡萄酒大赛中荣获各类大奖10多项。如果游访时，恰好能品到该品牌于2011年摘得亚洲葡萄酒质量大赛金奖的“晚采珍藏霞多丽”，那绝对可算是不虚此行了。

万物凋零的冬日，走近类人首酒庄独特的铜质大门，抚摸门上的红铜浮雕“太阳神”，就此推开一段神奇而有趣的旅程：类人首酒庄的工作人员将一瓶瓶瓶装酒码放在

类人首酒庄

类人首酒庄的产品展示厅

设计好的木架上，游览者可体验穿梭在葡萄酒瓶制成的墙壁间，被深紫色透明液体包围的独特感觉。随着脚步的前进，在酒堡的某个尽头，忽然按下一个“机关”，眼前墙壁自动开启，仿佛阿里巴巴的山洞，开启另一个空间，可能在你以为迷路时，你已经回到了最初进入的大厅。

如果有幸能够遇到酒庄主人冯青，你或许有机会非常幸运地与他一同品尝该酒庄经典的“晚采珍藏霞多丽”。流入杯中的琥珀色酒体，在与空气接触后会先后散发出青苹果、红海棠、葡萄、松质、玫瑰甚至阳光的香味，尤其是后味经鼻腔呼出时在上腭留下来的味道俨然就是棉织物吸取阳光后的清香……“品味葡萄酒的精髓在于体会集万物精华为一体精妙，在于你对植物，对生长植物的土地的了解和热爱，在于你努力耕作、精心酿制并被世界所认可之后的自信和骄傲，那是源于这片土地的骄傲，身为银川人的骄傲……”冯庄主如是说。

酒庄地址：宁夏永宁县玉泉营

联系电话：0951-5193999

酒庄网址：http://www.leirenshou.com

铖铖酒庄：一位80后的杯酒人生

铖铖酒庄坐落于贺兰山东麓昊苑村，成立于2006年3月。酒庄总占地面积410亩，拥有标准化酿酒葡萄种植基地400亩。酒庄有着中式园林的布局风格：盆景、假山、小桥、流水、石亭组成了一座中式庭院。

酒庄本着控制产量、精细酿造的原则打造中国高端酒庄品牌。酒庄在葡萄原料上把关尤为严格，酒庄生产的干红也都采用了产区的优质葡萄，纯天然精心酿制，并经法国橡木桶陈酿14个月以上。法国知名酿酒师奥利威在品鉴了铖铖酒庄2010干红后，曾说过："这款酒的果香与橡木香完美地融合到了一起，在法国只有顶级酒才会做到这般细致。"铖铖干红葡萄酒在2012年法国勃艮第大学举办的品酒大赛中，代表贺兰山东麓产区被评选为"中国十大教学用酒"之一，并载入法国酿酒教科书；2013荣获中国葡萄酒烈酒国际品评赛贺兰山东麓产区唯一金奖。

铖铖酒庄庄主张铖，1987年出生，是酒庄的运营者兼首席酿酒师。张铖学服装设计专业，毕业后创立了一家设计公司，做服装加工生意，攫取人生第一桶金。后来，因为偶然间

铖铖酒庄

喜欢上了葡萄酒，他放弃了服装生意，从浙江回到了宁夏，从一无所知到闯入一个新的领域，从头学起，而他那时不过才二十出头。如今，尽管已经取得了不菲的成绩，但他对自己的工作还不满意，他还有更多的想法——学习法语，去法国学酿酒，去那些传奇的土地看看，系统地学习国外的经验与知识。这位年轻的80后，怀揣着紫色的梦想，纵情驰骋在贺兰山东麓广阔的天地里。张铖只是埋首于贺兰山葡萄酒工业千千万万年轻人中的一个，但正是这些有梦的年轻人，让人看到了酒庄乃至整个产区未来的希望。

酒庄地址：银川市西夏区镇北堡镇昊苑村48号

伍

紫色梦想

一、探寻人类最初的美酒酿造

地球上最早的酒，应是落地野果自然发酵而成的。站在这个角度来分析，酒的出现，不是人类的发明，而是天工的造化。

众所周知，有了酒，才能有酒器，真正称得上有目的的人工酿酒生产活动是在人类进入新石器时代，出现了农业之后开始的。这时，人类有了比较充裕的粮食，之后又有了制作精细的陶制器皿，这才使得酿酒生产成为可能。因此，人工酿酒的先决条件，应该先从陶器的制造开始。考古学证明，在近现代出土的新石器时代的陶器制品中，已有了专用的酒器。这说明我们的祖先在很早的时候就已经和酒有了联系，而且当时我国酿酒技术已经有了一定的发展，纵观人类酿酒的历史，主要经过三个阶段的发展。

第一代酒，果酒和乳酒。考古学家证明，人类第一代人工酿酒是果酒和乳酒。人们将含有糖分，且最易获取的野果、兽乳放在容器中，令其自然发酵，含有乙醇的果酒、乳酒便应运而生了。也就是说，第一代人工酿酒是不用添加任何糖化发酵剂，只是将原料收贮以后，在适当温度下令其自然发酵形成。1996年，考古学家在伊朗北部扎格罗斯山脉的一个村庄里挖掘出的一个罐子可以证明，人类在距今7000多年前就已经饮用葡萄酒。一支考古团队在亚美尼亚南部一处洞穴中发现全世界最古老的葡萄酒酿造设施——一个用于压榨葡萄的大缸、几个发酵罐、一个酒杯及喝酒用的大碗。碳元素检测结果显示，这些物品均有6000年的历史。考古人员还发现了葡萄籽、葡萄压榨后的残留物及数十棵干枯的葡萄藤。由于酿酒设施是在墓地周围发现的，研究人员认为，酿出的葡萄酒可能用于某些仪式，葡萄酒是葬礼上的主要饮料，然后作为祭品埋入墓穴。

古代酿酒图

宁夏类人首葡萄酒业公司的生产车间

第二代酒为粮食酒，即人工发酵酒。人工发酵酒是在酿酒原料中添加了糖化发酵剂，即曲药发酵而成的。这种酒的起源即是谷物（粮食）酿酒的起源。谷物酿酒与野果自然成酒不一样。谷物的淀粉在经过糖化以前不能直接发酵，因而人工酿酒比起含糖野果发酵要复杂得多。我国是世界上最早以制曲培养微生物酿酒的国家，早在三千多年前的殷商武丁时期就已掌握了“霉菌”生物繁殖的规律。《尚书》有“若作酒醴，尔惟曲蘖”的记载。中国人将曲、蘖分离，单独制曲酿酒，实现了酿酒工艺上的重大突破。在商周出土的各类文物中，酒器占有40%的比重。由此可见，这时的酒对古代人类的各个方面都产生了重要影响。

第三代酒为蒸馏酒。水井坊，始于元朝，为历史上最古老的白酒作坊，其史学价值堪与“秦始皇兵马俑”相媲美。考古证实，中国最晚在元末明初，就已经有了非常成熟的蒸馏酒酿造技术。

说到中国，酿酒技术源远流长，从考古发掘看，大约在五千年前的龙山文化早期，已开始用谷物酿酒。到商周，酿酒业已具有相当的规模，国家已有专门职掌酒业的官员如酒正、酒人、郁人、浆水等。后人从商周古墓中发掘出了大量的贮酒器、盛酒器、取酒器和饮酒器等。汉代已出现了多种制酒用的酒曲，仅杨雄《方言》一书中就记载了地方名曲八种。西晋制出了可以治病的药酒。这些酒都非烈性酒，有用谷物酿制成的米酒，有用果物制作的果酒。烈性白酒从考古发掘看，大概出现在宋金时代，酒精含量一般在40度以上，南方制作的多在40～60度之间，北方制作的多在50～60度之间，个别高达67度

酿酒历史长，酒的种类多，要问中国历史上共有多少种酒，恐怕谁也说不清。有人统计，历代诗歌、小说、县志、传奇、传记、正史等文献里提到过的酒的名字就有三百余种，其中多数今天只知其名，用什么酿制已不得而知，少数酒的制作方法流传至今。在近代，白酒的产量逐年上升，成为全国第一大酒，黄酒位居第二。近四五十年，酿酒业发展迅猛，特别是啤酒的产量，近十几年突飞猛进，一跃成为第一大酒，白酒只好屈居第二，第三才是黄酒，然后才是葡萄酒、果酒、药酒等等。古人用“甘露”、“玉液”、“琼浆”称呼酒，足见对酒的喜爱程度。平日就餐饮酒，可以调节心理平衡；佳节良辰，亲朋相聚，欢宴共饮，可以交流思想，密切关系；亲朋远去，以酒饯行，可表依依深情；客自远方来，备酒接风洗尘，略表款款厚意；适逢知己，千杯恨少；将士出征，以酒壮行；凯旋归来，以酒庆功；喜事临门，以酒庆贺……

二、现代葡萄酒酿造工艺

松叶堪为酒，春来酿几多？葡萄酒的酿制工艺则起源于6000年前的土耳其安纳托利亚地区。《圣经》记载，传说大洪水将诺亚方舟冲至安纳托利亚东部的阿勒山之后，方舟上的一只山羊将一个人引领到一块长满了野葡萄的斜坡上，落地的野葡萄经与雨水结合发酵后飘出阵阵酒香味，于是他受启发成了世上第一个葡萄酒酿造者。在中国，早在3000多年前，古代人就做出了一种叫酒曲的原料，用它酿出来葡萄酒甘甜芳香，回味绵长。

现代葡萄酒的生产工艺一般可分为三个过程，原酒的发酵工艺，储藏管理工艺和灌装生产工艺。

酿酒发酵工艺。主要分为红葡萄酒和白葡萄酒的酿造。红葡萄酒发酵的主要特点是浸渍发酵。即在红葡萄酒的发酵过程中，酒精发酵作用和固体物质的浸渍作用同时存在，前者将糖转化为酒精，后者将固体物质中的丹宁、色素等酚类物质溶解在葡萄酒中。白葡萄酒是用白葡萄汁经过酒精发酵后获得的酒精饮料，在发酵过程中不存在葡萄汁对葡萄固体部分的浸渍现象。干白葡萄酒的质量，主要源于葡萄品种的一类香气和源于酒精发酵的二类香气以及酚类物质的含量而决定的。所以，在葡萄品种一定的条件下，葡萄汁的取汁速度及质量、影

巴格斯酒庄会员储酒地下酒窖

响二类香气形成的因素和葡萄汁以及葡萄酒的氧化现象成为影响干白葡萄酒质量的重要因素。

贮藏工艺。这一过程从葡萄发酵结束进入储罐后开始，直到葡萄灌装前。这过程可能需要几个月、几年甚至更长的时间。

生产工艺。葡萄酒的灌装就是将葡萄酒装入玻璃瓶中，以保持其现有的质量，便于推荐和销售。在灌装前必须对葡萄酒的质量进行检验。确定葡萄酒符合葡萄酒质量、卫生标准。为了保持质量的稳定性和一致性，一些品种的酒还需要进行调配。一是调配颜色，增加和降低葡萄酒的颜色；二是香气，通过勾兑新酒可以增加葡萄酒的果香；三是口感，使口感更加的平衡协调。

酿造葡萄酒的过程，是不断精益求精的过程。在原料质量好的情况下尽可能地把存在于葡萄原料中的所有的潜在质量，在葡萄酒中经济、完美地表现出来。在原料质量较差的情况下，则应尽量掩盖和除去其缺陷，生产出质量相对良好的葡萄酒。好的葡萄酒香气协调，酒体丰满，滋味纯正，风格独特；但任何单一品种的葡萄都很难使酒达到预期的风味。因为纵使是优质的葡萄，其优点再突出，也有欠缺的一面。酿酒工艺师为了弥补葡萄的某些缺陷，

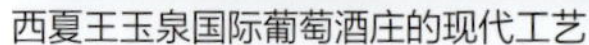

西夏王玉泉国际葡萄酒庄的现代工艺

橡木酒桶

在新品葡萄开发之初就对拟用葡萄品种作了精心的研究，将不同品种的葡萄进行最合理的搭配，五味调和，才有品格高雅的葡萄酒奉献给世人。所以，美国著名作家威廉·杨格说："一串葡萄是美丽，静止与纯洁的，但它只是水果而已；一旦压榨后，它就变成了一种动物，因为它变成酒以后，就有了动物的生命。"

三、贺兰山紫色梦想的酿成

一说到葡萄酒，人们都会认为中国的葡萄酒既没有上乘品质又缺乏独特个性。但以贺兰山东麓葡萄为原料的葡萄酒，在国际国内葡萄酒大赛上陆续获得100多个奖项，这里的每一天几乎都在发生着翻天覆地的变化，令世人惊叹、世界称奇！

究竟是何种魅力，让世界的目光一次又一次聚焦在了贺兰山东麓这片神奇的土地上，并将消费者的选择逐步拉向贺兰山东麓产区的葡萄酒上？除了独特的气候条件、高品质的种植品种，宁夏注重酿酒工艺的优化也注定了出自于此的葡萄酒的优秀。

贺兰山品牌首席酿酒顾问、澳大利亚葡萄酒业先驱人物Philip Laffer先生曾很自信地说："在贺兰山东麓的葡萄酒酿造上，我们不想只是单纯抄袭法国、澳大利亚或其他地方的套路。'贺兰山'的目标就是要制造出中国自己的最好的葡萄酒"。在他看来，"贺兰山东麓"是块酿制葡萄酒的风水宝地。这里日照时间年均超过3000小时，保证葡萄的高糖度；年均降雨量不足200毫米，使得葡萄植株和果实大大减少了病虫害的困扰。尤其在关键的葡萄收获季节，这里几乎不下雨，使葡萄得以在手工采摘之前完全自然成熟，也避免了葡萄果实的糖分和芳香物质被雨水稀释。而独特的半沙质土壤，在利于葡萄根系的生长与具备良好排水性的同时，能够充分留下养分沉淀。它生长季节的气候条件和澳大利亚一些主要的葡萄产区非常类似。这里气候干燥，不会出现中国东海岸地区在葡萄种植中产生的问题，这对于出产质量稳定的葡萄来说至关重要。Philip Laffer认为，有了这样优秀的硬件条件，提升了酿制技术的贺兰山葡萄酒庄，没有理由不产出好酒。“虽然，冬季对于贺兰山葡萄园的种植来说是一个挑战：由于冬季非常寒冷，我们必须把葡萄藤埋入土中以防冻伤，而这是在世界其他很多葡萄种植园都不曾出现过的情况。但我们已经找到了有效的方式来解决这个问题。”Philip Laffer说，“在这里，你会看到国际和国内两支团队一起依据贺兰山自身特色量身定制管理方法。在葡萄园管理、葡萄采摘、处理及发酵、贮存等环节，我们都已制定了严格标准。”

正如Philip Laffer先生所说，好的葡萄酒除了品质外，酿造工艺和技术也是非常重要的。有了好的原料再加上精湛的酿酒工艺技术和酿造环境，才能够充分体现葡萄酒品质。所以在葡萄酒酿造技术上，宁夏制定了贺兰山东麓酒庄酒生产规程，同时鼓励聘请外籍知名酿酒师来宁工作，并给予有力的政策支持。与此同时，在本土人才的培养上也下足了功夫，先后开展各层次人才培训。并先后举办了各类中外酿酒师交流活动，使之常态化，通过这些活动让宁夏的酿酒师和酿酒技术得到了显著提高。在酿造的观念上，充分认识到酿酒葡萄的生产整体必须采用与鲜食葡萄不同的方式，突出酿酒葡萄的特点，尽量减少人工劳动的投入，探索、尝试和接受新的栽培管理方式。在酿造技术上，宁夏强调要选择合适的砧木，合适的砧木能够有效地调控树势，充分利用和尊重栽培地的环境条件，在相对瘠薄的土地上，提高葡萄的营养水平、生长水平和耐胁迫水平，在肥沃和降水较多的情况下，合适的砧木可以控制营养生长，减少夏季管理的劳动投入。

圣路易丁酒庄的理念：两棵树只酿一瓶酒

世界酿酒大师汇聚贺兰山东麓

四、张裕摩塞尔十五世酒庄的酿酒技术与酿酒师

贺兰山东麓的葡萄酒酿造，在工艺上除政府重视、社会关注之外，各个酒庄在酿造工艺上的精益求精和孜孜研究以及一些知名的酿酒师都是非常值得关注的。前文述及的张裕摩塞尔十五世酒庄，就是一个在酿酒技术上有显著特点的典型。追溯张裕葡萄酒的前身，自然要提到张裕酿酒公司。1892年，著名爱国华侨张弼士先生为实现“实业兴邦”梦想，投资300万两白银在烟台创办“张裕酿酒公司”，拉开了中国葡萄酒工业化生产的序幕。经过121年的发展，张裕公司已成为亚洲最大、世界第四位的葡萄酒生产企业。在新西兰、法国及中国辽宁、烟台、北京、新疆、陕西、宁夏先后建立10座酒庄，并成立了酒庄联盟。贺兰山东麓的张裕摩塞尔十五世酒庄由烟台张裕葡萄酿酒股份有限公司融合奥地利摩塞尔家族的葡萄种植与酿造技术，投资5.8亿元于2012年9月打造完成。宁夏张裕摩塞尔酒庄酿造张裕公司最高端的酒庄产品，不仅展示了宁夏酿酒葡萄产区的独特魅力，也紧紧将张裕公司120多年精湛的酿制技艺和贺兰山东麓的葡萄特点结合起来，达到了非常好的效果。尤其是在干红、干白酿造方面具有独特的技术创新和特点。

张裕摩塞尔十五世酒庄图

张裕摩塞尔十五世酒庄的葡萄酒文化展示

在干红酿造方面的特点：

（1）单品种进行发酵：不同的葡萄品种成熟期不同，根据各葡萄品种成熟期先后分别进行采收，单独进行加工发酵。

（2）采用综合质量分级法加工：对同类葡萄按照综合质量对原料进行分级、手工分选后，按级别分类进行加工，对不同级别的原料采用不同的工艺控制措施，做不同等级的葡萄酒。

（3）不同的循环浸渍工艺：按照分类加工的工艺要求，对不同级别的原料在发酵时采用不同的循环浸渍工艺，在循环时间和强度上都采用不同的控制方法，确保浸提出优质单宁。

（4）差异化的温度控制措施：按照原料质量的不同，在发酵时采用不同的发酵温度，使各级别原料都能最大限度地表现出其先天的质量优势。

（5）自动化控制系统的应用：在葡萄加工和发酵过程中，从葡萄加工、入罐、发酵过程的温度控制、循环浸渍、分离原酒和排渣过程都采用自动化控制系统来实现，各个工艺的参数控制都能达到精准、及时，对质量的控制更加方便准确。

葡萄酒酒窖

（6）橡木桶陈酿：不是所有的葡萄酒都能进入木桶陈酿的，张裕摩塞尔十五世酒庄对入桶的酒需要精挑细选，根据原料质量情况挑选最具有陈酿潜力的原酒进入橡木桶陈酿，陈酿过程全程监控其单宁和花色苷等酚类物质的变化，结合感官品尝，随时掌握质量变化情况，选择最佳时机出桶。

干白酿造方面的特点：

（1）分级压榨取汁：采用可控压力的气囊压榨机进行压榨取汁，按照不同压力多次柔性压榨，对轻压汁和重压汁分别进行入罐发酵。

（2）低温发酵：采用低温缓慢发酵，最大限度保证果香。

（3）适时调整工艺：根据发酵进程，及时监控酵母发酵活力，适时调整工艺方案，使发酵完全、彻底，达到香气与口感的平衡。

酿酒，原材料的品质很重要，酿酒师也非常重要。酿造葡萄酒犹如酿造人生，从一棵葡萄的培育到开花结果，再到酿造成原酒，通过陈酿，葡萄酒逐渐成熟长大，才能到餐桌饮

酿酒师在检测葡萄酒发酵情况

用。整个过程就像小孩从出生、童年、少年、青年、中年、老年的成长过程一样，从葡萄生长到葡萄酒酿造的每一个环节，酿酒师就像一位慈母，都要和关心自己的小孩一样关心、呵护她，使她能够健康地成长；酿酒师还像一位艺术家，对相同的原料，不同的酿酒师酿造的葡萄酒都会不同，就像同样的面粉和调料，不同的厨师做的饭菜口味不同一样，酿酒师对关键工艺环节的控制才体现了葡萄酒的风格特点，每一款葡萄酒都是酿酒师的一幅艺术作品，来之不易。贺兰山东麓葡萄酿酒，不仅得益于得天独厚的自然地理优势，也得益于孜孜不懈的酿酒探索，每个酒庄就像一个尘封已久的传奇，吸引人们前去一探究竟。张裕摩塞尔十五世酒庄在酿造技术上的追求，源于很多来自国内外资深酿酒师的潜心研究。

外籍酿酒师罗斯·摩塞尔就出身于奥地利酿酒世家，他的祖父罗斯·摩塞尔三世（1905~1978年）在20世纪30年代研究发明的棚架系统，对奥地利葡萄种植业发挥了革命性的推动作用，罗斯·摩塞尔三世的著作《葡萄种植》，先后被翻译为17种语言出版。家族与葡萄酒的故事，从1610年算起，迄今已传至第15代。罗斯·摩塞尔的酿酒技艺传承了其家族的荣耀，也为张裕摩塞尔十五世酒庄的酿造工艺带来了异域风情。

另一位著名酿酒师樊玺，则是甘肃人，他是国家级品酒师、酿酒师。曾获全国葡萄酿酒许多大奖，发表酿酒相关论文20余篇。按照他自己的说法："要酿酒，先做人"，葡萄栽培和酿酒要注重细节，踏实肯干、严谨细致，酿酒师要对影响葡萄酒质量的每一个细节做到完美，才能酿造出自己满意的葡萄酒。

五、宁夏的葡萄酒学院

为了培养更多优秀的本土葡萄酒人才，宁夏于2013年5月在宁夏大学成立了葡萄酒学院。宁夏大学葡萄酒学院是宁夏大学、宁夏金龙集团、法国格勒诺布尔第二大学葡萄酒学院联合创办的全国唯一一所国际化葡萄酒学院，拥有一支业务水平高、教学经验丰富和良好敬业精神的高素质师资队伍。

学院坐落于国家级银川经济技术开发区开元东路8号，占地面积310多亩。其中，学生实训栽培葡萄园30亩。学院还拥有完备的教学场所，包括760平方米的葡萄酒酿造工艺学实训室、112平方米的品酒实训室、112平方米的感官分析室、186平方米的微生物实验室、199平方米的化学实验室、220平方米的葡萄与葡萄酒检测分析中心等。

学院秉承"产业引导、企业参与、面向国际"的教育理念，紧紧抓住我国葡萄与葡萄酒产业发展的黄金机遇期，以50多年农业科学、食品科学教育和研究成果积累为基础，以体制机制创新为突破口，适应教育国际化发展趋势，以先进的课程体系、优秀的师资队伍和国际化人才培养模式为支撑，培养理论基础扎实、职业素质优良，具有国际视野的葡萄与葡萄酒高端专业技术人才。目前主要招收的专业包括葡萄与葡萄酒工程国际课程班、葡萄酒营销国际课程班、葡萄酒文化与旅游管理国际课程班等。学院一、二年级的教学计划由宁夏大学与法国合作高校共同设计，其中法语是三个专业通识课程中最主要的课程之一，第二学年结束后，如果学生通过法国留学“预签证法语测试”，后两学年的学业可在法国高校完成，未通过法国留学“预签证法语测试”或者不愿意去法国学习的学生，四年的国际班课程均在宁夏大学葡萄酒学院完成。

宁夏大学葡萄酒学院成立仪式

陆
玉液琼浆

一、葡萄酒的营养和健康价值

300多年前，我国医学家李时珍就指出：葡萄酒可令人“驻颜色”，也就是通常说的“补血”。中医认为：“葡萄酒能‘暖腰肾、驻颜色、耐寒’的作用”。葡萄酒的营养成分大部分来自葡萄汁，其成分也很复杂，现已知的有250 种以上。葡萄酒除去酒和水以外(水约占80%～90%)，还含有糖、蛋白质、无机盐、微量元素、有机酸、果胶、各种醇类及多种维生素，这些物质都是人体生长发育所需要的。

有关葡萄酒的营养价值，最重要的大概是它含25种氨基酸。每升葡萄酒中含0.13～0.6克，在这25 种氨基酸中，含有8种人体不能合成的所需氨基酸。这些氨基酸的含量与人体血液中所需氨基酸的含量非常接近。葡萄酒中还含有多种维生素及其他物质，具体有醇类、含氮物质、维生素、矿物质等，都对人体有营养价值。

对神经中枢的作用。能缓解中枢神经的兴奋程度，调节人体肌肉的紧张度。能产生舒适、快感。对于由焦虑引发的神经能症的患者，在适量饮用葡萄酒后可平息其焦虑的心情。

对胃肠道的作用。葡萄酒中的酸性物质可促进胃酸分泌，具有开胃作用。红葡萄酒中的单宁可增加肠道平滑肌肌纤维的收缩性，从而调整结肠的功能，对结肠炎有一定疗效。酒中的山梨醇有助于胆汁和胰腺的分泌，可以帮助消化，防止便秘。

对心血管分泌的作用。葡萄酒中的某些成分如碘等，能通过提高血液中脂蛋白的浓度，来促进血液中胆固醇转移入肝并转化成胆酸而排出体外。这能防止胆固醇沉积于血管内壁，因而对防治动脉硬化、控制血压有效。另外，酒中的肌醇也有降血脂和软化血管的功能，对老年人的健康有益。通过提高血液中脂蛋白的浓度，促进血液中胆固醇转移入肝并转化成胆酸二排出体外，能防止胆固醇沉积于血管内壁。预防癌症、老年痴呆、高血压、抗衰老及加强免疫力。

杀菌作用。葡萄酒中的乙醇、酸类、多酚物质都有较强的杀菌能力。

禹皇酒庄酒

消渴利尿的作用。葡萄酒中酒石酸、柠檬酸及抗氧化聚酚类物质等含量较高，适当温度下饮用葡萄酒不但可以消渴，且又有利尿、防治水肿及尿酸过多引起的痛风等作用。

养颜美容作用。对女士来说，葡萄酒还可以起养颜美容作用。它通过促进新陈代谢，消除氧自由基，营养皮肤组织，使女士的肌肤更娇嫩，更具生命活力，更显出光彩照人的风采。

红酒还可以延缓吸烟危害。希腊雅典大学医院发现，吸烟者每天喝250毫升红酒，可以“延缓”烟的危害作用，这是其中的多酚物质在起作用，多酚物质可以阻止一种叫内皮素-1的化学物质的生成，这种化学物质能够引起血管收缩，提高血管压力，增加心脏病的风险。

源石酒庄石黛干白

西夏王葡萄酒

二、不得不知的葡萄酒香

传统的葡萄美酒，有十种味道。

甘味：有些人把甘味作为与酸甜苦辣相并列的第五种味道，它并不是一种特定的风味，而是一种很微妙的感觉，可以给人带来一种愉悦的感受。饱满、成熟的赤霞珠葡萄酒以及果香浓郁、经过橡木桶熟成的霞多丽葡萄酒都会带有明显的甘味，不过这些葡萄酒会与以甘味为主的菜肴相冲突。菜肴中的甘味会让葡萄酒的单宁变得更苦。

农场味：农场的味道就相当于洒上了汗水的马鞍的味道——不要怀疑，有些葡萄酒身上确实有这样一种特殊的味道，通常是旧世界的葡萄酒，比如勃艮第红。它可以增加葡萄酒的复杂度，提升葡萄酒的质量。农场的味道主要是指一些类似于动物的味道，这些味道来源于酒香酵母，但它们的浓度必须仔细控制，不然可能损害葡萄酒的品质。

娇柔的：这个词语通常用来形容酒精度低、单宁低的葡萄酒。这样的葡萄酒往往像一位温柔细致的女人一样，给人一种轻盈、精致、优雅的感觉。

内敛的：如果说一款葡萄酒比较内敛，那往往意味着它还比较年轻，需要继续陈酿才能展出充分的香气和风味。

陈腐的：最近，带有“陈腐的”这种特性的葡萄酒引起了葡萄酒专家们的浓厚兴趣。事实上，这一特性一直存在于欧罗索雪利、波特酒以及部分白兰地当中。表示通过法国和西班牙的传统方法来让葡萄酒暴露在空气或者干燥、炎热的环境中，除去葡萄酒中的果香，发展出新的风味特色，如核桃、黄油、果脯甚至是水果蛋糕。

耐嚼的：尝试一下澳大利亚的西拉葡萄酒，感受它那浓浓的果酱风味，这样的感觉就是“耐嚼的”。一款耐嚼的葡萄酒通常酒体比较重，酒精度高，用成熟度很高的葡萄酿成，果味很充沛。

艰涩的：想像一下读书时候的一位老师，他很严厉、保守、不苟言笑，不管你怎么努力，都没法让他敞开心扉。这样的一位老师，就相当于一款很“艰涩”的葡萄酒。这样的葡萄酒喝起来一般很紧致、很内敛，可能需要醒一下；不过，对葡萄酒来说，“艰涩的”并不一定是个贬义词。

壮实的：这样的葡萄酒一般有着丰厚的酒体，比如赤霞珠、巴罗洛、托斯卡纳以及罗讷河谷的一些混酿型葡萄酒。壮实跟上面所说的娇柔是刚好相反的一种风格。如果说一款葡萄酒比较“强壮”，那意味着它的酒体很饱满，口感很强劲，喝起来充满了力度。

刺莓果味：是指红葡萄酒中类似于刺莓果的一种风味，这种味道通常与蔬菜或者绿色植物的味道交织在一起。很多葡萄酒都带有这种味道，尤其是那些整串发酵的葡萄酒。

高调的：这个词语被用来形容那些酸味尖刺、香气刺鼻、单宁紧致的葡萄酒；这些葡萄酒常常来自纬度比较高的地区，比如上阿迪杰的白葡萄酒、伦巴第瓦尔泰利纳的内比奥罗葡萄酒、奥地利和德国的部分雷司令葡萄酒。

三、好葡萄酒是“品”出来的

大多数人的印象中，葡萄酒相对于白酒，多少距离“优雅生活”近了不少。在影视剧里，即使只是手里端着一杯葡萄酒，桀骜的小混混身上也多了点绅士的味道，身着晚礼服的女郎，高雅的举杯，才能倾倒众生。而生活经验也告诉我们，路边的醉汉们，鲜有抱着葡萄酒瓶呼呼大睡的。所以，葡萄酒重在品。而品酒并不是喝酒，品酒是一门学问。譬如欣赏一幅画、听一首音乐，如果你没有美术和音乐的修养，就不可能说出他的好坏。品酒并不是大师们的专利，掌握它，你将真正享受到酒的美妙。

葡萄酒酿成后要有一看、二闻、三品尝的人工鉴定过程。

一看——外观忽略不计

葡萄酒的外观虽然是一个很重要的指标，但事实上，现代酿酒的技术已经可以让所有的葡萄酒都具有毫无缺陷的外观表现。现代的酿酒企业通常都装备了足够的设备，排除一切让葡萄酒在瓶中变质的可能性。几乎所有新出厂的葡萄酒在外观上都具有清澈明亮的特性。因此，任何外观上面试图寻找出来的质量差异，至少对于经验尚少的普通消费者来说只能是徒劳无功，甚至在国际的评酒比赛上，绝大多数评委也只能对外观给予毫无差异的分数。至于一些假内行乐于谈论的挂杯，那不过是酒中酒精、甘油和糖分的表现，与葡萄酒的质量一点关系都没有。唯一能够从外观透露出来的信息，是一些保存时间较长，保存条件不太好的酒，会变成褐色，红酒偏棕，白酒偏棕黄，当然一旦如此，从香气、口感也可以辨别。

贺兰山赤霞珠葡萄酒

二闻——香气因人而异

很多葡萄酒消费者，面对着酒评上超级复杂和漫长的香气描述的时候通常有两种反应："真能够从一款葡萄酒中闻出这么多香气吗?"或者"我怎么闻不出来?"当然，也有葡萄酒爱好者，"赶紧告诉我，这款酒中都有什么香气?"多数的葡萄酒评论人希望通过这种方式来表达葡萄酒的复杂性，然而事实上这种方式给不少消费者造成了巨大的困惑。

国际专家品鉴贺兰山东麓葡萄酒

不同的葡萄品种具有不同的香气特点，表现为它们在某些种类的香气上更加突出，这被称作"品种香气"。品种香气并非是一种特定的单一的香气，而是葡萄酒中蕴藏的香气物质多种多样，它们独自表现或者相互作用，演变出变化万千的葡萄酒的香气。但是对于不同的葡萄酒，并不因为某种香气的存在与否而突出或平庸。换句话说，并不因为某款酒里面比另外一款酒多出一些巧克力的香气而更加高级。关键是，香气是令人愉悦、和谐并且代表了葡萄果实的本质的。

三品尝——口感至关重要

葡萄酒生产出来是为了让人喝，而不是让人看或者让人闻。因此，葡萄酒的口感远远要比颜色和香气重要。葡萄酒的口感要关注最重要的四个方面是：味道、气味、重量、质感。

加贝兰

味道：是我们的舌头味蕾的感觉，气味则是当酒进入口腔之后，鼻腔对其香气的感知。一个简单的试验就能够知道虽然鼻子并没有接触到葡萄酒：你可以含一口酒，然后捏起鼻子，你会发现所有的味道都消失了，放开之后，那些失去的味道又回来了。口腔与鼻腔的连接处，是嗅觉神经丰富的地方，通过口腔的加温和搅动，我们饮下葡萄酒后会感觉到与单纯从杯中闻酒不同的气味，当然也会发现一些不容易发现的缺陷。

巴格斯2012一级梅鹿辄

重量：是一个很难解释的名词，也可以叫做“酒体”。有趣的事情是，虽然葡萄酒的比重略低于水，但是它带给我们口腔的重量感明显要高于水。酒体需要用舌头的中部来感觉，从轻酒体到重酒体的感觉如同柠檬水到加有全脂牛奶的咖啡之间的不同。影响酒体的因素有酸、单宁、干浸出物含量、酒精含量等。既然是描述“重量”，酒体一般用从轻到重来描述，包括轻，中－轻，中等，中－重，重和超重几个等级。

质感：质感是当酒液与口腔接触的时候所产生的触感，触感由酒与口腔黏膜接触引起，不同的酒流动性不同，触感也不同，更重要的是葡萄酒中的酸、酒精、单宁等等物质引起口腔黏膜的变化让质感更加复杂。比如令人觉得发涩的单宁会令口腔黏膜收敛，让人口腔中产生一种发皱或者颗粒般的质感。而酸度会刺激口腔黏膜分泌，产生一种爽脆的感觉。各种成分交相刺激我们的口腔，连同自身特点形成变化多端的质感：如果说一款酒质感如同丝绸一般，他一定是滑爽的，带有轻微的细致的单宁涩味，如同肌肤触碰丝绸那样除了滑之外还会有轻微的涩；如果说一款酒质感如同天鹅绒，那明显其单宁要比“丝绸般”质感的葡萄酒强。

最后我们要关注酒在口腔中回味的长短，也就是把酒咽下去之后，它们的味道还会在口腔中持续多长时间。回味的长短与味道的强烈程度并没有直接关系，虽然通常味道强烈的酒，其持续力会稍微好一些。但是那些味道柔和细致，并非强烈的高级葡萄酒也会有长达数分钟之久，绕梁三日余音不绝的回味。如同优美的音乐，因强烈而持久固然好，由细腻而持久更显得难能可贵。

四、贺兰山东麓十大知名葡萄酒

圣路易·丁2010晚采赤霞珠：采用树龄13年的100% 赤霞珠葡萄（品系号405），经法国原装橡木桶陈酿12个月而成。这些葡萄全部采用有机种植，2棵树只产1瓶酒，葡萄采收于早霜前一天，比正常采收晚1个月，采收时糖度为261克/升。

酿酒师：罗耀文，国家葡萄果酒评委、国家一级品酒师、国家一级酿酒师、宁夏圣路易·丁葡萄酒庄总工程师，曾任四届国家评酒委员。

巴格斯2011年特级梅鹿辄：呈深宝石红色，酒液澄清透明有光泽，浓郁的成熟的黑色浆果香气，黑莓、黑醋栗、胡椒、焦糖与橡木香气，融为一体，酒体醇厚，酸度适宜，单宁细腻，收敛性强，酒体平衡感强，余味长。

酿酒师：鹿永亮，巴格斯酒庄首席酿酒师。2007年9月进入巴格斯酒庄学习葡萄种植及葡萄酒酿造知识及技术，2008年年底至2011年10月在法国波尔多学习葡萄种植及葡萄酒酿造知识技术，之后回到巴格斯酒庄担任酿酒师职务。

长城云漠酒庄2012贵人香干白葡萄酒：采用柔性压榨工艺，低温发酵精酿而成，酒体色

圣路易·丁2010晚采赤霞珠

巴格斯2011特级梅鹿辄

长城云漠酒庄2012贵人香干白

泽晶莹剔透。冷凉气候成就了贵人香清凉的苹果、青柠果香和清新舒雅的酒香，入口劲爽甘醇，回味悠长。

酿酒师：江涛，毕业于西北农林科技大学葡萄酒学院葡萄栽培与酿酒专业，现担任长城云漠酒庄总工程师。2012年，获得国家一级品酒资格并通过国家品酒委员资格考试，先后在昌黎产区、新疆产区、宁夏产区、智利参与和主持葡萄酒酿造。

西夏王蛇龙珠干红葡萄酒（窖藏）：选用90% 蛇龙珠葡萄与10%赤霞珠葡萄酿制而成，呈亮丽的宝石红色，澄清透明，有光泽。香气浓郁，典型的青椒味，并带有橡木、烘烤的香味，酒体平衡、协调，单宁柔顺，典型性强，是一款优质的干红葡萄酒。

酿酒师：俞惠明，宁夏西夏王葡萄酒业有限公司副总经理，国家级评酒委员，国家一级品酒师，国家一级酿酒师，法国奥朗日地区葡萄酒协会品酒师。2000年主持酿造的"西夏王"干红葡萄酒在法国世界名酒博览会上荣获"金奖"，曾获得"全国优秀酿酒师"称号，被中国葡萄酒信息网评为"中国优秀酿酒师"。

加贝兰Reserve 2011：经法国橡木桶陈酿12个月，呈鲜亮的宝石红色，清澈；香气清新，具有新鲜的黑醋栗、李子以及香草气息，雅致；口感柔和，平衡协调，中等酒体，回味较长。

酿酒师：张静，宁夏贺兰晴雪酒庄酿酒师，国家级葡萄酒评委，宁夏贺兰山东麓葡萄与葡萄酒国际联合会副秘书长。曾在法国、美国、澳大利亚和中法庄园培训并实践葡萄酒酿造技术。2013年在"RVF 中国优秀葡萄酒年度大奖"和"中国优质葡萄酒挑战赛"中被评为年度优秀酿酒师。

迦南美地2011干红葡萄酒：这款干红葡萄酒的葡萄来自2个小产区，其中60%的梅鹿辄

西夏王蛇龙珠干红葡萄酒

加贝兰Reserve 2011

迦南美地2011 干红葡萄酒

来自西夏王陵小产区，树龄有14年，35%的赤霞珠和5%蛇龙珠来自青铜峡甘城子产区，树龄有7年。混酿而成后在达恒索匈牙利橡木桶储存11个月。此款酒即保持了果实的自然香气，又含蓄地吸收了橡木桶带来的淡淡的烟熏和咖啡味，优雅矜持。

2012原歌私藏赤霞珠高级干红葡萄酒

酿酒师：塞巴斯蒂安·盖斯勒（Sebastian Geissler），迦南美地酒庄聘请的德国籍酿酒师，他先后在德国、新西兰、法国等著名酒庄实习并主持酿酒工作。2011年应邀来贺兰山东麓产区参与酿酒。他酿造的酒自然、淳朴，不失含蓄，但始终都流露着一种乐观和喜悦。

2012原歌私藏赤霞珠高级干红葡萄酒：精选老树龄赤霞珠为原料，采用法国传统酿酒技术，经橡木桶窖藏精酿而成。该款葡萄酒呈深宝石红色，有果脯、奶油、香草、烤肉气息，细致复杂，口感饱满、平衡、丝滑，酒体厚重，回味悠长。

酿酒师：谢亚玲，国家级葡萄酒、果酒评委，国家级“二级酿酒师”。宁夏原歌葡萄酒业（酒庄）总工程，曾获得第五届亚洲葡萄酒质量大赛“优秀酿酒师”称号，2011年设计生产的“戈丽雅”赤霞珠干红葡萄酒在第五届亚洲质量大赛上夺得“一金三银”的殊荣。

立兰葡萄酒：按照尊重自然与风土、出产适合任何人、在任何时候任何地方饮用的理念，用欧洲的酿造工艺酿造而成，拥有最值得信赖的口感和品质，是为葡萄酒爱好者奉献的来自于贺兰山东麓产区葡萄酒的极致享受。

酿酒师：邓钟翔，法国国家酿酒师，法国酿酒师联盟会员，宁夏立兰酒庄酿酒师。留法期间，在勃艮第大学葡萄酒学院接受法国国家酿酒师专业训练，在波尔多力士金酒庄、勃艮第隆布莱酒庄和文森乔丹酒庄实习及工作。

保乐力加酒：该款酒颜色呈浅金黄色，澄清透亮；果香愉悦，带有霞多丽葡萄酒较为典型的柑橘类水果以及青苹果的香气；酒体较轻，口感柔顺。贺兰山东麓的寒凉气候以及充足的光照赋予了这款酒新鲜活泼的酸度和平衡的酒体，柔顺的口感易于被大多数人所接受。

酿酒师：克雷格·格拉夫顿（Craig Grafton），澳洲酿酒师，取得高级酿酒师资格。曾在世界多个产区有多年商业和酿造优质葡萄酒的经历（包括澳洲产区、法国波尔多产区、美国加利福尼亚和索诺玛谷产区以及中国宁夏贺兰山东麓产区）。目前受聘于保乐力加贺兰山（宁夏）葡萄酒业有限公司。

立兰葡萄酒

2011 沙坡头干红葡萄酒

2011沙坡头干红葡萄酒：宁夏红集团的沙坡头庄园葡萄酒（蛇龙珠2011）精选优质蛇龙珠葡萄，采用传统工艺酿造，具有柔美的宝石红色，清新的花香略带橡木香及香草的芬芳，口感丰实圆润，单宁纯美，酒香怡人。

酿酒师：董建方，宁夏红枸杞产业集团中宁技术部副经理。从事酿酒工作7 年来，他潜心钻研酿酒生产技术，从事枸杞果酒及葡萄酒的酒体酿造及酒体科研工作，2011年考取国家果露酒二级品酒师。

五、美酒美景配美食

法国微生物学家、化学家路易斯·巴斯德曾经这样对别人说："葡萄酒是世界上最健康、最卫生的酒精饮料。"所以，在西方人的饮食文化中是离不开葡萄酒的，而其中又以法国人居首，他们每餐都必须饮用葡萄酒，甚至将葡萄酒与美食之间的搭配称为"生命组合"。葡萄酒与美食的合理搭配，对人类来说是生活中一种美的享受。葡萄酒与美食搭配一般可以体现出3种意境，一是互相提携美味；二是用葡萄酒衬托出菜肴的最佳风味；三是用菜肴反衬出葡萄酒的香醇可口。

葡萄酒与食物搭配是一种艺术，也充满了无尽的趣味，所以不要将它们过度复杂化，搭配错误也没什么大损失，反而是累积另一种难得之经验。有人说："勃艮第式牛肉跟勃艮第红酒""鹅肝跟波尔多甜白酒"，这就复杂了点，虽说得没错，但有多少人知何谓"勃艮第式牛肉"？在一般的餐厅临时要一瓶波尔多的苏特恩也不容易。

事实上，学习葡萄酒与食物的搭配的乐趣比单纯的品酒更好"玩"，葡萄酒和食物本来就是一起享用的，喝酒配美食才是最原始直接的乐趣。搭配前，先要知道你要喝得是什么葡萄酒。在饭店里我们很少买到优质波尔多红葡萄酒，因为酒单上的葡萄酒多数为近期酿制，还不成熟，如有，其价格也昂贵。最好的策略是：如果可能，在饭店里要喝便宜的已经可以饮用的葡萄酒，而在自己家里或朋友家里要喝较好、成熟的葡萄酒。因此，在饭店，建议以简单方法搭配食物与酒，"红酒配红肉，白酒配白肉或海鲜，甜酒配甜点；无法取舍则选配清淡的简单型红酒或桃红酒"，虽然此搭配没有创意，但不易出错。

葡萄酒和食物的搭配不是互相对抗，而是相辅相成。年轻的红酒，酒体活泼饱满，适合搭配口感扎实的食物，如煎烤牛排等红肉类、熏制的香肠火腿或香料炖煮浓汁的菜肴；油或酱料重的食物要找dry一点的红葡萄酒，dry表示"不甜带酸的葡萄酒"，单宁较高，会去除口中的油腻，让口感更清爽，而且红酒的香气会和肉质组合成多层次的新味道；味道清淡的菜肴，就不要选单宁太重的红葡萄酒，以免夺味。不妨记住："酸味的葡萄酒令甜味食物更甜，苦味葡萄酒可中和食物的酸味，咸味葡萄酒加强食物的苦味"。

美酒配美食

要实现这种完美的搭配，需要理解葡萄酒与

美食之间的搭配法则和要素。它们之间的搭配法则是要尽量平衡各个要素，不要让任何一方的口味过强。要想让这个法则能够圆满实现，在搭配过程中要注意以下几个要素：

（1）葡萄酒与食物的口味轻重要相符；

（2）用甜的葡萄酒搭配甜的食物；

（3）用高酸度的葡萄酒搭配酸性的食物。

（4）饮用高单宁或者口感较涩的葡萄酒时，避免搭配很咸的或者有很多油质的食物。

因为葡萄酒种类繁多，不同的葡萄品种、不同的国家产区、不同的酒庄酒园、不同的地理位置、不同的天气条件、不同的酿酒师等，这些因素都让葡萄酒有着太多的不同。而美食也是一样，不同的国家地区、不同的菜系种类、不同的原料风味、不同的烹调方法、不同的厨师等，让美食的种类非常多元化。所以，当我们把葡萄酒和美食结合起来欣赏时，虽然看似简单，但却可以搭配出无穷无尽的形式和花样。

餐厅分回餐和汉餐，泾渭分明。回餐——清真菜洁净，牛羊肉和面食都很拿手，所以汉民和回民都喜欢。汉民偶尔想念汉族菜了，就会上汉餐馆解解馋。汉餐以油腻菜为主。这些菜带有浓浓的中国特色，多喜用炖、煨、卤等烹调方式。酱足、料重，口味浓郁，这些恰恰与深沉、浓郁的红葡萄酒相配，而肉冻或豆腐等冷菜、素菜，则与清爽而富有表现力的白葡萄酒有化学反应。

水晶肉冻配立兰黑皮诺

这道冷菜富含胶原蛋白，吃起来冻般滑顺，但更筋道、弹牙，且不油不腻，拌以酱油、醋和蒜泥后，十分爽口开胃。由于它的细滑的质感及香料味，应配一些酒体细致、柔和、果味较鲜香的红葡萄酒。比如年轻的黑皮诺、佳美等。与宁夏2011年立兰黑皮诺搭配不错。相比赤霞珠、梅洛等品种，宁夏种植的黑皮诺很少。立兰的黑皮诺，色泽十分深沉，酒质浓郁，但单宁顺滑，充满了烘烤橡木与果香结合的香气，以及八角、桂皮等香料气息。这与这里味道浓郁的肉冻搭配得很融合，更突出了肉冻中香料的辛香味。另外，我们也发现经过橡木桶陈酿的较浓郁的霞多丽也与肉皮冻十分相宜。如志辉源石的石黛千白。浑厚圆熟，与肉冻的滑腻入口后融为一体，而酒中清新的酸度也使肉冻入口更清新、爽滑。

红烧狮子头配志辉源石山之子2010

北方狮子头喜用红烧，火候到了，其口感松软多汁，肉香满口。这道菜配酒的要点，在于要衬托肉丸的鲜美，掩盖猪肉的肥腻。与志辉源石山之子2010相搭配，使得肉丸中的辛香味更浓，肉汁与酒汁交融一体，既解瘦肉部分的柴感，也让肉香和辛香萦绕满口。

大块羊肉配御马赤霞珠

顿顿吃手抓羊肉，吃不腻，因为羊肉好，肉质细腻还带着奶僻，在波尔多，只有乳羊才近之，但烤羊排终究没有手抓羊肉返璞归真。在宁夏，几乎家家餐厅都有手抓羊肉，因为肉质细腻，所以要配单宁细腻的葡萄酒，否则会加重酒中单宁的粗糙感。御马的赤霞珠香气成熟，带有果酱气息和一定演化出来的酱香，单宁细致，在质感上和羊肉相当，羊肉将酒衬托得更为甜润多汁。

凉拌肘子配加贝兰2011

肘子肉质紧致，一般的做法是炖，将肉质炖得软烂，再以浓厚的酱汁入味。而放凉切片后的肘子肉则大不相同，肉紧实、干口，与紧包在外的弹牙爽脆的肉皮形成对比的口感。这道菜理所当然要用质感较强的红葡萄酒相搭配，如赤霞珠、西拉、梅洛等，但对单宁的质感要求较高。那些用桶过多，单宁较硬粗、较干口的酒就不适合了，因为会使得肉显得干涩。与加贝兰2011的搭配不错。它的单宁非常圆熟，酒体饱满。有橡木味，但不会夺去果香。其质感足以与紧致的肉质相抗衡，但其圆熟的单宁和成熟的果味又使肉在口中显得蓬松多汁。

贺兰山泉水炖松茸配保乐力加贺兰山美域霞多丽2011

在贺兰山保护区的苏峪口国家森林公园，有几个天然的泉眼，一年四季在淌出汩汩的泉水。人们常常远道而去采几桶泉水回家喝，御景年度的主厨则由此得到烹饪的灵感，把云南产的上好松茸，用贺兰山泉水炖，不用任何高汤，汤底就非常厚滑，充满松茸醇厚的香气。

在主厨看来，对于越是优质的食材，越是要用最少干预的烹饪方式，才能最完整地感受食材本身的美妙。要与这样一道既简单又醇厚的汤品搭配，需要一款非常干净的干白。乐力加贺兰山2011珍藏美域霞多丽是很好的选择，酒体紧致，酒中漂亮的酸度和矿物气息强调了松茸的鲜美，余味干净。此外，如果用当地特有的白葡萄品种贵人香也不错。

葡萄酒配海鲜

沙湖河虾仁配野米配兰一酒庄梅洛2011

虽然宁夏地处内陆，但宁夏素来就有“塞上江南”的美称，历史上因为黄河不断改道，形成了许多自然的湿地，这些湿地就孕育了许多特有的野生动植物。在距离银川市区56公里处的石嘴山，位于腾格里沙漠的边缘，有个天然形成的大沙坡，沙坡里是一片天然形成的湿地，名为沙湖，这里的特产河虾质地弹牙，带着小河鲜特有的鲜味。主厨奇思妙想，用了同为水生植物的加拿大进口野米做搭配。野米不是米，而是产量稀少的独特水生植物。蒸熟的野米火候刚刚好，正好爆开，入口带有野米特有的清香味道和柔韧质地，与河虾仁的弹牙口感相映成趣，是一道东西食材完美结合的菜肴。这道菜既可以搭配清新高酸度的干白，也不妨试试酒体轻盈、果香清新的干红，比如兰一酒庄2011年份的梅洛，轻盈顺滑的酒体与菜式的质感比较和谐，而酒中紫罗兰的香气奇妙地带出野米淡淡的苦咖啡香气。

御景精品羊肉配银色高地阙歌2011

羊肉是宁夏传统的美食，在当地最好的羊肉都采用宁夏滩羊，这种羊产量很低，外地的小尾寒羊一年产三只小羊，而滩羊一年只产一只小羊，越是好的滩羊养得越讲究，要喂晒干的药草，比如甘草、苦豆草、灰草等等，羊肉才没有杂味。纯种的滩羊体貌特征也很明显：纯白的羊毛弯弯曲曲有九道弯，是宁夏五宝之一，羊肉呈鲜嫩的粉红色，肌肉圆滑，脂肪如玉脂。对于好羊肉，御景的主厨有着严格的标准：“好的羊肉要有香味，而不仅仅是没有膻味。”吃甘草长大的滩羊，就带着草药的甘香之气。这道大块羊肉采用28～30公斤重、阉割过的一岁羊，采用羊排的位置，甚至带着脆骨。烹饪就用最简单的白水煮，使用清香型的香料，羊肉肉质极为细嫩，入口即化，十分鲜美，似乎还带着一丝奶香。搭配银色高地2011年份阙歌，酒中的果香让肉香在口中的回味得到延长，而细致的酒体也与鲜嫩的羊肉互相映衬，酒中浑厚的余味也越发突出羊肉的鲜美滋味。

ATEAU BACCHUS

一、富有内涵的葡萄酒旅游

葡萄酒旅游的起源追溯到法国，20世纪50年代兴起于拥有悠久葡萄酒历史和浑厚葡萄酒文化的法国阿尔萨斯（Alsace）地区，到20世纪70年代扩展到勃艮第（Bourgogne）地区，自20世纪90年代以来，在欧美、南太平洋地区和非洲等葡萄酒产区快速发展并形成许多知名的国际葡萄酒旅游目的地。现在，法国传统的葡萄酒产区，每年接待葡萄酒旅游者达700万人次。波尔多、阿尔萨斯地区的葡萄庄园均是法国葡萄酒旅游的热门地区，葡萄酒旅游带动了法国葡萄酒产地及其周边村镇的经济和文化发展。而在美国，全美各地有5000家酒庄，与葡萄酒相关的旅游业营业额高达3亿美元，当地居民平均工资也随着葡萄酒旅游的发展达到27000多美元。在澳大利亚，葡萄酒旅游给该国带来大量国际游客，且直接促进地区经济和社会的发展，每年通过葡萄酒旅游所获得的直接经济效益在4～5亿澳元之间。在意大利，作为世界葡萄酒产量最大的国家，充足的葡萄酒旅游资源，已有540个城镇设计葡萄酒旅游业，共开辟了140条葡萄酒旅游路线。

在刚刚起步的中国，这种旅游形式近几年才有人提出。尽管如此，葡萄酒旅游在中国却是以惊人的速度发展。各葡萄酒产区酒庄、酒厂相继亮出各具特色的葡萄酒旅游王牌，从而在近几年，掀起了一场声势浩大的葡萄酒旅游风暴，在这其中，酒庄旅游成为了一股新势力。各地建设葡萄酒文化博物馆、酒庄体验项目以及打造集旅游观光、休闲、商务、酒店为一体的葡萄酒体验之旅，葡萄酒文化之旅悄然兴起。

贺兰山东麓各酒庄正探索将了解葡萄酒酿造工艺、品鉴美酒、得到专业品酒师的指导、享用美味佳肴、婚纱摄影、入住观景套房等产业设计，融入葡萄种植、酿造等各个过程。比如玉泉葡萄庄园，结合旅游资源，已开辟多条葡萄酒之旅线路供游客选择，为进一步做好旅游产业，还加大投入，解决游客在庄园景区的交通、住宿及餐饮问题，建造纪念品商务营业、娱乐为一体的游客接待中心以及葡萄庄园空中景观通道10公里、家庭酿酒作坊40户、农家乐园50户。在张裕摩塞尔十五世酒庄，游客可以欣赏宁夏首座球幕影院的惊奇，定制一瓶专属自己的DIY红酒，还可以参与葡萄采摘、酿酒、葡萄酒品鉴等活动。

贺兰山东麓葡萄文化旅游产业发展还处于起步阶段，但葡萄文化旅游发展已崭露头角。实施葡萄长廊文化旅游联合开发，构筑新的旅游核心吸引力，打造宁夏旅游新亮点，已经成为人们的共识。未来，贺兰山东麓的葡萄旅游将重点开发以下产品：

1. 葡萄酒观光休闲之旅

葡萄酒庄夏秋季风景最佳，加上环境清新幽静的自然氛围，形成一种很好的观光资源。加之贺兰山东麓各个酒庄都已形成了各自独特的建筑风格，既有欧式风格，也有中式园林风格，更有中西合璧式风格，已然成为一道道独具特色的景观。同时酿酒工厂、神秘的地下酒窖等酒庄设施也是观光的亮点。葡萄园和自身建筑设施等能营造良好的观赏环境，让游客达到赏心悦目、流连忘返的旅游休闲效果。

源石酒庄独特风格建筑一角

2. 葡萄采摘欢乐之旅

在葡萄成熟的季节，庄园里洋溢着丰收的喜悦，串串葡萄晶莹剔透挂满枝头，欢迎着游客的到来。喜欢鲜食葡萄的人群广泛，自己动手采摘新鲜美味的葡萄也是葡萄爱好者的一件乐事。在葡萄成熟的季节，带上家人一起体验亲手采摘的乐趣，分享劳动的喜悦是充满欢笑和值得回忆的事情。以“亲子”、“家庭”等为主题展开，结合“葡萄文化节”，通过采摘竞赛、歌舞晚会等活动丰富采摘内容。

葡萄成熟的季节

3. 葡萄酒品评体验之旅

品酒之旅是许多葡萄酒酒爱好者热衷的旅行，许多人不惜飘洋过海只为寻找自己喜欢的酒品。目前在纳帕、波尔多等著名酒庄每年都有数百万来自世界各地的人前来品酒。未来可通过政府及宁夏葡萄酒协会开设一些品酒活动，如：开展不同主题的“品酒会”、品酒师评比、资深品酒师酒品鉴赏、葡萄酒品评与拍卖会等活动来提升葡萄酒旅游的丰富性。

源石酒庄石黛 · 干白

4. 葡萄酒美食享受之旅

美食餐厅常常与美酒产地相伴相随。葡萄酒庄可引进不同风味的主题餐厅，结合葡萄美酒的特色，为前来旅游的游客带来独特的味觉体验。如：开创葡萄酒美食主题餐厅、私家餐厅，实现葡萄酒与美食的完美搭配；配合不同节日如情人节、母亲节、中秋节、除夕夜等推出各类节日餐饮。

5. 葡萄酒保健美体之旅

现代人越来越关注生活健康，保健美体尤其成为年轻职业女性关注的焦点。而葡萄酒的保健和美容价值已逐渐得到肯定和认识。葡萄酒含有的一些抗氧化物质对增强免疫功能很有好处，利于保护心脏。葡萄酒还具有延缓衰老、预防心脑血管病、预防癌症、美容养颜等多重保健美容功效。可开发多重保健美体产品如葡萄酒疗养食品、葡萄酒营养饮食、葡萄酒洗浴、葡萄酒美容专柜等。

美酒佳肴

旅游休闲新体验——红酒温泉

类人首酒庄的品酒区

6. 葡萄酒文化修学之旅

葡萄酒修学之旅是宣传葡萄酒文化、培养葡萄酒及葡萄酒旅游潜在消费者的良好方式。可以为校园大学生举办葡萄酒基础知识培训、葡萄酒酿造知识讲解、葡萄酒品鉴等修学旅游项目，提升大学生群体的葡萄酒文化，培养葡萄酒消费习惯；为中小学生开设葡萄植株观察生物课、葡萄采摘等趣味性修学项目；为社会人士设计葡萄酒鉴赏、葡萄酒社交知识等商务实用型修学之旅；为白领女性开设葡萄酒美容保健修学游；为老年人开设养生保健葡萄酒修学游。

7. 葡萄酒婚庆甜蜜之旅

目前国内婚庆旅游市场不断增长，葡萄酒庄的幽美环境适合作为浪漫的蜜月旅行地，也适合婚纱摄影的拍摄，可将葡萄酒旅游与婚庆旅游结合起来。为每一对新婚夫妇设计一系列独特而难忘的婚旅活动，如安排一次西方教堂式的圣洁婚礼；安排夫妇一起参与美酒酿造，与心爱的人一起亲自酿造一款纪念酒品，贴上姓名和爱情的誓言存于酒厂，作为爱情的见证；进行葡萄酒野餐、种植葡萄树等、拍摄婚纱照等；还可以以“送给爸妈的礼物”为主题，针对中老年人的结婚纪念日设计葡萄酒浪漫回忆之旅等。

张裕摩塞尔十五世酒庄婚纱摄影

8. 葡萄酒艺术沉醉之旅

美酒和艺术从来都是相影相随。许多世界著名的酒庄或城市都与艺术形成完好的契合。在纳帕几乎每周都有音乐会、绘画展、戏剧演出等艺术活动。法国梅多克葡萄酒庄每年为游客提供绘画和酒杯收藏等艺术展出。艺术文化更增添了葡萄酒文化的优雅氛围。许多知名的艺术家本身也是美酒爱好者。可以在酒庄建设展厅承办大型的艺术展会或拍卖会，如绘画、古董、私人收藏等；建设音乐会、戏剧演出等场所。

嘉宾参加巴格斯酒庄音乐季活动

9. 葡萄酒商务会展之旅

幽静美丽、宽阔宁静的葡萄酒庄具备了很好的基础条件，可以结合葡萄酒庄的优势，与公司、或相关单位进行业务联系，成为其召开会议的固定地点。在会议期间提供美味的葡萄酒供其品味，同时还可以享受到葡萄酒特色美食和独特的住宿环境。商务客人在会议公事之余品上一杯陈年美酒，在葡萄架下的优美的小径上散步，赏心悦目的心情或许可以促进许多商业项目的洽谈成功。

西夏王国际酒庄商务会客室

10. 葡萄酒缤纷购物之旅

对于葡萄酒爱好者，来酒庄购买好的葡萄酒是旅游出行的重要因素。在国外葡萄酒知名产区，“地窖口销售”为酒庄销售的重要渠道。在酒窖设置展卖的葡萄酒品，不仅是酒庄葡萄酒产品的直接销售渠道，也是酒庄文化宣传的平台。一方面应进行好的橱窗展示，一方面也

瓶塞艺术品

应丰富购物品种类型。应以健康、品味、品质等特征开发不同层次的葡萄酒品；以高端、健康、保健等特征开发葡萄酒礼品；同时还可开发开瓶器、瓶塞、葡萄酒架、葡萄酒杯等多种葡萄酒衍生纪念品。

二、贺兰山东麓一流的旅游资源优势

宁夏既有南国水乡的秀美特色，又有塞外边陲的壮丽景观。有因岳飞“踏破贺兰山阙”而闻名的贺兰山，也有因毛泽东的《清平乐·六盘山》而名扬天下的六盘山；有天下黄河富宁夏的母亲河黄河，沙水相连的沙湖、沙坡头；更有回乡风情和塞上江南美景，“只有来到宁夏，才算游遍天下”。其中，这些丰富的旅游资源，很多都分布在沿贺兰山沿线。贺兰山东麓是整个宁夏旅游资源品质最好、集中度最高的区域，也是发展比较成熟、对外最具吸引力的旅游区域。以西夏文化为龙头，贺兰山东麓旅游景观带自西向东延伸至黄河以东，自北向南延伸至青铜峡南端。目前已形成了以西夏王陵景区、镇北堡西部影城、贺兰山岩画景区等为代表的

成熟旅游产品，成为整个宁夏旅游的标志性旅游区域。

黄河的灵秀

古往今来，世界主要城市群都是依靠大江、大河、大海而建设、而兴旺、而发展。有水就有灵气，就有生机，就有活力。建设跨区域的城市群是城市化和现代化发展的必由之路。黄河自甘肃出山入川，进入宁夏，流经397公里。天下黄河富宁夏，宁夏唯黄河而存在，依黄河而发展，靠黄河而兴盛。宁夏沿黄河分布的银川、石嘴山、吴忠、中卫、平罗、青铜峡、灵武、贺兰、永宁、中宁10个城市以43%的国土面积，集中了宁夏57%的人口、80%的城镇、90%的城镇人口，创造了宁夏90%以上的GDP和财政收入。四月的塞上大地，山花烂漫，在这个充满希望的季节里，一卷蓝图舒展了母亲河千年的眉头。2009年4月，宁夏全面启动了“黄河金岸”的建设，坚持“一张蓝图管到底”、“沿黄城市一盘棋”，实现“六个一体化”。而以黄河为主题文化的旅游产品则星罗棋布于宁夏大地，黄河坛、黄沙古渡等景区不仅仅是接待游客的商业运营地，更承载着流淌在宁夏大地的黄河文化。

宁夏平原的辽阔

宁夏地势南高北低，山地、高原约占全区的3/4，剩下的就是平原地区，其中沙漠占宁夏面积的8%。古老的黄河穿越宁夏中北部地区向北流淌，在宁夏境内总流程达397公里，流经12个县市。宁夏平原又称银川平原，位于宁夏回族自治区中部黄河两岸。北部是黄河冲积平原——宁夏平原，面积1.7 万平方公里，滔滔黄河斜贯其间，流程397 公里，水面宽阔，水流

黄河金沙湾（孙国才 摄）

广袤的宁夏平原（杜一鸣 摄）

平缓。沿黄两岸地势平坦，早在2000 多年以前先民们就凿渠引水，灌溉农田，秦渠、汉渠、唐渠延名至今，流淌至今，形成了大面积的自流灌溉区。

贺兰山岩画的久远

贺兰山岩画记录了贺兰山一带远古游牧民族的生活，在北至石嘴山，南至中卫的250多公里的十多个山口，分布着1000多幅岩画，单个图案超过2万个。贺兰山口就是有着众多岩画的山口之一。贺兰山岩画不是一个时期一个民族的作品，其前后延续时间可能达2000年之久，在贺兰山生活的诸多古代民族前后相继，共同完成了这一艺术画库。岩画是他们表达情感、愿

久远的贺兰山岩画（夏亮亮 摄）

望、信仰的“艺术心态录”。岩画的创作，大致可分为两个时期：一是先秦至汉时，匈奴游牧部落所作；二是五代至西夏建国之初，党项族游牧民族所作。他们在狩猎与劳作之余，用这种方式表达他们的思想感情和生活习俗，展现了丰富的想象力和无穷的创造力。如今，这些石头的史书已成为宝贵的艺术文化遗产。宁夏境内的贺兰山岩画在不同的地点有着不同的内容：石嘴山一带以森林草原动物为主，如北山羊、岩羊、狼等形象；贺兰山一带多以形形色色的类人首为题材；青铜峡、中卫、中宁一带的岩画则以放牧及草原动物北山羊为主。贺兰山岩画景区属全国重点文物保护单位，是中国游牧民族的艺术画廊。

西夏王陵的神秘

西夏（公元1038—1227年）是中国历史上由党项人在中国西部建立的一个政权。唐朝中和元年（公元881年），拓跋思恭占据夏州（今陕北地区的横山县），封定难节度使、夏国公，世代割据相袭。1038年，李元昊建国时便以夏为国号，称“大夏”。又因其在西方，宋人称之为“西夏”。风雨西夏，党项悲歌，西夏在历史上仅存190年。西夏王陵位于宁夏回族自治区银川市西约30 公里的贺兰山东麓。是西夏王朝的皇家陵寝，在方圆53 平方公里的陵区内，分布着9 座帝陵，253 座陪葬墓，是中国现存规模最大、地面遗址最完整的帝王陵园之一。1988 年被国务院公布为全国重点文物保护单位，国家重点风景名胜区。被誉为“神秘的奇迹”、“东方金字塔”。

镇北堡西部影城的文化承载

宁夏镇北堡西部影城，被誉为“东方好莱坞”，地处宁夏银川西郊镇北堡，原址为明清时代的边防城堡。在中国众多的影视城中，西部影城以其古朴、原始、粗犷、荒凉、民间化为

神秘的西夏王陵

特色，是中国三大影视城之一，也是中国西部唯一著名影视城。在此摄制影片之多，升起明星之多，获得国际、国内影视大奖之多，皆为中国各地影视城之冠，故被誉为“中国一绝”。西部影视城已逐步将单纯参观型的旅游点发展成既有观光价值，又有为游客制作影视片及餐饮、购物、陶艺、骑射等多样化服务的娱乐型旅游区。它最突出的服务是让游客充当明星自由表演，录制成碟，在个人的家庭影院中欣赏。这在世界各地影视城中也是独一无二的。

沙湖的水天一色

沙湖位于宁夏回族自治区银川平原以北，沙湖以自然景观为主体，是一处融江南水乡与大漠风光为一体的生态旅游景区。“金沙、碧水、翠苇、飞鸟、游鱼、远山、彩荷”几大景源有机结合，构成独具特色的秀丽景观。沙湖生态旅游区地处内陆，属典型的大陆性气候，属中湿带，沙湖独特秀美的自然景观和得天独厚的旅游资源，是新丝绸之路上的宝藏。

如今，贺兰山东麓又有了葡萄酒文化的加入。关于酒、尤其是葡萄酒的文化深邃和优美，法国著名化学家马丁・夏特兰・古多华（1772—1838年）曾说过：酒向我们展示了宗教、宇宙、自然、肉体和生命。耶稣创造的有关酒的第一个奇迹是在佳娜的婚礼上，他把水变成了美酒。耶稣说：“我是真正的葡萄，我的父亲是种植葡萄的农民。”对耶稣的门徒来说，酒是上帝之子的鲜血。在圣体圣事等仪式上，葡萄和酒受到了教士们的普遍青睐。在中世纪的艺术画中，钉在十字架上的耶稣被表现得像一串压榨机下的葡萄。在伏尔泰的小说中，我们会读到这样的句子：“克拉里・艾黎克斯亲手倒出泡沫浓浓的阿伊葡萄酒，用力弹出的瓶塞如闪电般划过，飞上屋顶，引起了满堂的欢声笑语。”葡萄酒文化，为贺兰山的雄洪注入柔美，为远古的沧桑加了一抹浪漫，成为与西夏文化、回族文化、黄河文化、红色文化并驾齐驱的文化魅力之源。

三、葡萄文化旅游成为宁夏旅游新亮点

“两区建设、旅游先行”，2012年9月，国务院批准宁夏建设内陆开放型经济试验区以及银川综合保税区（简称“两区建设”），为宁夏经济腾飞提供了难得的历史机遇。2012年，宁夏又出台了《关于做强做大文化旅游产业的决定》，到2015年，宁夏文化旅游产业总收入将占地区生产总值的8%以上，文化旅游产业将成为自治区民族经济的重要支柱产业和新的经济增长点。宁夏政府现任主席刘慧在调研贺兰山东麓葡萄特色旅游项目时强调，旅游业顺应“两区建设”的新形势，紧紧围绕“打造特色鲜明的国际旅游目的地”总体目标，努力使贺兰山东麓的紫色之旅，成为宁夏发展旅游的新天地。要立足资源优势，将闪亮珍珠串成魅力

镇北堡影视城

沙湖水天一色

项链，把宁夏旅游产业做大做强做出特色，全力打造国际旅游目的地。

贺兰山东麓葡萄文化长廊旅游

在打造国际旅游目的地的背景下，宁夏发展旅游有了一系列的优惠政策，比如，税收方面，对鼓励类文化旅游企业按1%~5%的税率征收企业所得税，国家鼓励范围内的新办文化旅游企业，免征5年企业所得税地方留成部分。土地方面，对利用存量土地建设的文化旅游项目，优先办理建设用地供地手续。鼓励支持利用荒山、荒滩、荒漠以及废弃矿山开发文化旅游项目。文化旅游产业发展中的经营性用地，优先安排招标、拍卖、挂牌出让。金融方面，支持文化旅游企业采取项目特许权、运营权和版权、专利权、旅游景区门票质押担保等方式扩大融资规模。鼓励文化旅游企业上市融资，支持符合条件的文化旅游企业发行短期融资券、企业债券和中期票据。这些优惠政策，将会助推贺兰山东麓葡萄文化旅游成为宁夏旅游新亮点。

在战略构思上，宁夏发展葡萄旅游注重“推进贺兰山葡萄酒旅游产业一体化”，加强市区间旅游发展合作，注重总体布局、突出重点，以葡萄酒旅游、文化旅游、生态旅游、乡村旅游等休闲产品为核心，在充分考虑市场风险的前提下，项目开发要分阶段、分区域逐步展开，并在用地布局上留有弹性。有重点地引导并推动重点酒庄酒堡、景区、企业较快的发展，产生带动、示范和辐射效应，在宁夏崛起一个葡萄酒文化旅游产业发展，使葡萄长廊与黄河金岸珠联璧合、交相辉映，成为民族经济文化旅游产业新亮点。

目前，中国已经进入葡萄酒消费时代，发展潜力巨大，葡萄酒养生、保健的作用已经被公众看到。贺兰山东麓葡萄长廊的建设，就是要产生更多的企业酒庄、名人会所、度假酒店、会议中心等固体消费群体。通过整体规划，让葡萄种植、加工、销售各环节成为旅游的载体。贺兰山东麓葡萄长廊通过发展葡萄酒旅游业，打造葡萄酒国际旅游目的地，让高、中、低不同层次的消费游客都能在贺兰山东麓葡萄长廊找到旅游的结合点，特别是发展势头迅猛的自驾旅游群体，更能在贺兰山东麓葡萄长廊找到旅游消费的乐趣。所以，培育宁夏旅游新的增长点，助推宁夏跨入国际旅游目的地的行列，使旅游真正成为宁夏的支柱产业。

四、贺兰山东麓葡萄旅游线路推荐

贺兰山东麓黄金游线

银川—沙湖—贺兰山岩画—苏峪口森林公园—镇北堡西部影城—西夏王陵—玉泉营酒庄集群—中华回乡文化园—银川

十大列级酒庄之旅

银川—张裕摩塞尔十五世酒庄—贺兰晴雪酒庄—志辉源石酒庄—兰一酒庄—原歌酒庄—玉泉营小镇—西夏王玉泉国际酒庄—巴格斯酒庄—禹皇酒庄—类人首酒庄—铖铖酒庄—银川

精品一日游线路

- 西南线经典欧式酒庄一日游

西夏王陵—张裕摩塞尔十五世酒庄

线路特色：酒庄发展成熟，品牌优势显著，基础设施配套齐全，高端发展优势明显，欧式风格迷人奇特。

参观体验所需时间：3小时左右

欧式风情浓郁的张裕摩塞尔十五世酒庄

- 西北线中式酒庄一日游

镇北堡西部影城—志辉源石酒庄

线路特色：酒庄区位优势明显，自然环境优越，中式酒庄与休闲农庄有机结合，旅游功能优势明显。

参观体验所需时间：3~5小时左右（包括餐饮、休闲、观光等）

志辉源石酒庄的石头城

- 南线玉泉营小镇酒庄一日全览游

中华回乡风情园—巴格斯酒庄—西夏王酒厂—西夏王玉泉国际酒庄—玉泉营葡萄苗木繁育中心

线路特色：巴格斯酒庄小而精且富含艺术气息，作为贺兰山东麓葡萄酒庄酒的发源地，适合婚纱摄影、音乐聚会、小型自助游、沙龙等；西夏王酒厂作为全国工业旅游示范点，是新世界工业酒的代表，适于教育科普游；玉泉国际酒庄规模大、设施全，是酒厂旅游向酒庄旅游过度的提升版；苗木繁育中心则适于葡萄等鲜果的采摘购物。

参观体验所需时间：6～8小时

观光体验二日游线路

- 银川（入住）—镇北堡西部影城（午餐）—志辉源石酒庄—兰一酒庄（午餐）—贺兰山岩画—拜寺口双塔
- 银川—张裕摩塞尔十五世酒庄—西夏王陵—镇北堡西部影城（午餐）—兰一酒庄（入住）—贺兰山岩画
- 苏峪口国家森林公园—贺兰山岩画—兰一酒庄（入住）—镇北堡西部影城（午餐）—志辉源石酒庄

休闲体验三日游线路

- 银川（入住）—沙湖（午餐）—贺兰山岩画——镇北堡西部影城（午餐）—志辉源石酒庄—西夏王陵（午餐）—张裕摩塞尔十五世酒庄
- 银川—鸣翠湖国家湿地公园—沙湖（午餐）—兰一酒庄（入住）—贺兰山岩画—镇北堡西部影城（午餐）—新牛酒庄
- 银川—镇北堡西部影城（午餐）—西夏王陵—巴格斯酒庄—西夏王玉泉国际酒庄—东塔穆民新村（午餐）—中华回乡文化园—纳家户清真大寺

西夏王葡萄酒厂

兰一酒庄一角

贺兰山东麓四日游线路：

DAY1：银川—鸣翠湖国家湿地公园—沙湖（午餐）—张裕摩赛尔十五世酒庄—沙湖（住宿）

DAY2：沙湖—贺兰山岩画（午餐）—志辉源石酒庄—镇北堡西部影城（住宿）

DAY3：镇北堡西部影城—西夏王陵—玉泉营酒庄集群（午餐、住宿）

DAY4：玉泉营酒庄集群—青铜峡黄河大峡谷旅游区—东塔寺穆民新村（午餐）—中华回乡文化园—纳家户清真大寺—银川

葡萄产业基地的雕塑

五、葡萄酒文化节庆活动

随着贺兰山东麓产区国际地位的不断提升，围绕葡萄产业的一些大型节庆活动也在不断开展，这些节庆活动无形中又大大提升了贺兰山东麓产区的知名度和美誉度。此外一些酒庄也开始积极探索酒庄文化的建设，开展了丰富多彩的葡萄文化节庆活动，为旅游者增添了游兴。

2014中法葡萄酒设备技术展览会

长期以来，贺兰山东麓产区葡萄与葡萄酒产业使用的压榨、灌装、冷冻和橡木桶等设备大多是从意大利、法国和美国等地引进而来，其利用效率高、机械化应用广，产品品质已得到了宁夏葡萄酒企业的广泛认可。为了进一步推进葡萄产业机械化，加快贺兰山东麓葡萄产业发展步伐，加强国际合作，学习引进世界一流的葡萄园与酿酒设备和生产技术，2014年6月18日，由贺兰山东麓葡萄与葡萄酒国际联合会和法国高美艾博展览（上海）有限公司共同主办的“2014中法葡萄酒设备技术展览会”在宁夏园艺产业园会展中心正式开幕。

此次展会展出面积达6000平方米，吸引到了包括中法两国150余家在内的葡萄与葡萄酒设备和机械制造商前来参展，并涵盖了葡萄苗木、葡萄园机械、酿酒设备、葡萄酒贮、包装及酒器具等众多展览展示内容，小型田间农机、橡木桶清洗、有机农药及先进的电渗析等目前世界先进的设备都在其中。展会期间，贺兰山东麓产区60余家葡萄酒企业与葡萄和葡萄酒设备、机械制造商交流合作，并达成众多合作意向。

为了进一步提升展会效果，展会期间，主办方以葡萄产业机械化发展为主题内容，举办“贺兰山东麓葡萄产业机械化应用”、“法国代表团技术展示”、“国外先进设备展商演示”

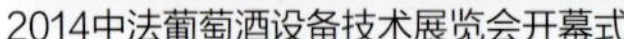
2014中法葡萄酒设备技术展览会开幕式

2013国际葡萄与葡萄酒组织会议颁奖大会

和“酿造精品葡萄酒元素”4场内容丰富、风格多样的专业性论坛，并邀请到了国内外著名专家、法国设备技术商等领域相关人士一道为贺兰山东麓葡萄产业设备技术的发展应用、招商合作、人才引进等问题展开了学术报告、对话交流。

作为喜迎中法建交50周年的重要活动，本次展会得到了法国驻华大使馆和国际葡萄与葡萄酒组织（OIV）的大力支持。选择在宁夏举办，对贺兰山东麓葡萄酒产区而言意义非同一般，这无疑是一次中法两国葡萄产业合作、交流、共赢的展览展示盛宴。

2013国际葡萄与葡萄酒组织（OIV）学术会议

2013年9月24日，国际葡萄与葡萄酒组织（OIV）学术会议在银川开幕。这是国际葡萄与葡萄酒组织首次在中国举行专题学术会议，旨在促进贺兰山东麓葡萄酒产区优势、特色和潜力进一步发挥。本次会议主题为：胁迫条件下的贺兰山东麓葡萄栽培与葡萄酒酿造。

国际葡萄与葡萄酒组织主席克劳迪娅·昆妮、执行总干事严·居邦也专程前来作主题报告。会议围绕实施百万亩葡萄产业及文化长廊发展规划，以学术会议、专题论坛、列级酒庄评选、葡萄酒品鉴和葡萄健康休闲旅游等活动为载体，全面展示宁夏贺兰山东麓葡萄酒产区的质量优势和发展潜力，提升产区影响力和知名度，增进宁夏葡萄酒企业与国内外葡萄酒企业间的交流与合作，推进宁夏葡萄产业持续健康发展。

此次大会还评选出2013年贺兰山东麓葡萄酒干白金奖为保乐力加贺兰山美域珍藏霞多丽干白，银奖为长城云漠酒庄2012贵人香干白；干红金奖为加贝兰2011赤霞珠干红、立兰兰摧赤霞珠2012干红、宁夏沙坡头蛇龙珠2011干红，银奖为迦南美地2011梅鹿辄干红、巴格斯2011特级梅鹿辄干红、2012原歌赤霞珠干红、圣路易·丁2010晚采赤霞珠干红、西夏王窖藏蛇龙珠2011干红。

此外还评出了贺兰山东麓十大优质葡萄园（详见本书第三章）和十大列级酒庄（第五级）

（详见本书第四章）。

2012年首届贺兰山东麓葡萄酒节

2012年8月30日至9月1日在宁夏银川举办了首届贺兰山东麓葡萄酒节。本次葡萄酒节的主要内容是“三会一赛一论坛”。

“三会”包括葡萄与葡萄酒博览会、葡萄酒品鉴评比拍卖会、葡萄酒专题推介会。葡萄与葡萄酒博览会突出展示贺兰山东麓葡萄产业文化长廊总体发展规划，以及银川市、石嘴山市、青铜峡市、红寺堡区和农垦系统五个主要产区的发展规划；展示贺兰山东麓葡萄与葡萄酒发展历程和取得的成就。葡萄酒品鉴评比拍卖会聘请国内外知名品酒师对以贺兰山东麓葡萄为原料的各类葡萄酒进行品鉴评比，设立“贺兰山东麓”金、银奖。葡萄酒专题推介会主要开展产销对接，洽谈订货，现场签约。

“一赛”即世界酿酒大师邀请赛。遴选10位国际知名酿酒大师在贺兰山东麓区域内自选葡萄园，采用相同设备酿造葡萄酒，并参加评比，以此带动提高贺兰山东麓的酿造工艺水平，提升贺兰山东麓葡萄酒的质量和档次。

“一论坛”即葡萄产业发展高峰论坛。在央视财经频道栏目专题介绍贺兰山东麓葡萄及葡萄产业；举办葡萄酒专题报告会，邀请国内外专家围绕葡萄酒与文化、葡萄酒与健康、葡萄酒与生活、葡萄酒企业管理与营销等方面进行研讨交流。

巴格斯酒庄的酒花节

酒花也叫期酒，是投资葡萄酒的主要方式，即葡萄酒在装瓶之前便开始销售。通常情况下，这时的葡萄酒还被储存在橡木桶中。顾客在最终得到葡萄酒之前的一两年先行付款。期酒起源于“二战”后的波尔多。当时波尔多城堡被毁，而且法郎持续贬值，酒商们希望拿一批好酒换钱。可是，波尔多红酒出产之后，至少需要储存两年时间才能达到好的口感。于是

首届贺兰山东麓葡萄酒节葡萄与葡萄酒专题推介会

葡萄酒节上国外客商关注贺兰山葡萄酒

葡萄酒期酒交易应运而生，流传至今。

巴格斯酒庄酒花节剪彩仪式

宁夏巴格斯酒庄早在2009年就开始开展酒花业务。2013年6月正式举办了国内首个酒花节。巴格斯全国各地的酒商、媒体等嘉宾齐聚酒庄。此次“酒花节”借鉴了法国波尔多的期酒营销理念，为中国广大葡萄酒爱好者提供酒花服务。这既是贺兰山东麓产区品牌建设的一次创新，也是中国第一次举办酒花节，得到了区政府、葡萄酒局等单位的大力支持。

活动伊始，60余位嘉宾自由组合在庄园广场隆重走过红地毯，并在带有活动主题的幕板上签名，与巴格斯酒神像合影留念。随后，嘉宾们在庄园富丽堂皇的金色音乐大厅参加巴格斯酒庄首届酒花节启动仪式。与会领导及酒商代表纷纷致辞，表示酒花节不仅有利于贺兰山东麓产区的品牌建设，同时它作为国内期酒业务的一次创新，具有重要意义。

活动中，酒庄准备了美轮美奂的葡萄酒文化之旅、活色生香的巴格斯私房葡萄酒冷餐会和优美高雅的巴格斯老友乐团音乐会。嘉宾们在深入了解酒庄历史、品牌和葡萄酒文化的同时，还体验了一番独具巴格斯特色的美酒美食搭配，并在高雅唯美的音乐氛围中，充分感受美酒之乐。

捌
旅游新贵

一、打造贺兰山东麓世界级葡萄酒旅游目的地

作为国内外知名的中国最佳酿酒葡萄和葡萄酒产区之一，贺兰山东麓拥有发展高端葡萄旅游的资源禀赋优势。未来，将在自治区政府的领导下，以宁夏建设内陆开放型经济试验区和特色鲜明国际旅游目的地为背景，以优质葡萄酒产区特质和深厚的文化底蕴为基础，以宁夏特色鲜明国际旅游目的地先行示范区为目标，以构建东方休闲生活方式的理想旅居典范为宗旨，打造集酒庄休闲、葡萄酒体验、文化体验、古镇休闲、康体运动、高端度假等功能于一体的综合型旅游目的地。

规划中的贺兰山东麓葡萄文化长廊旅游区域将形成“一带一核三组团”的空间布局：“一带”指贺兰山东麓葡萄酒景观带；“一核”指葡萄酒旅游驱动核；“三组团”包括石嘴山养生休闲组团、青铜峡黄河休闲组团、红寺堡山地运动组团。

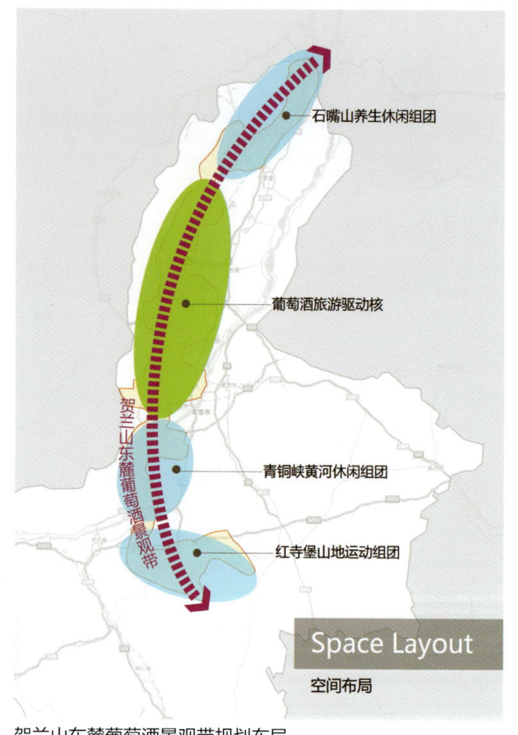

贺兰山东麓葡萄酒景观带规划布局

贺兰山东麓葡萄文化旅游长廊空间组团布局规划　表1

组团		小镇	酒庄集群	景区景点
葡萄酒旅游驱动核	镇北堡文化休闲区	镇北堡影视文化小镇	镇北堡酒庄集群 ——婚礼、音乐、涂鸦、诗韵、绘画艺术酒庄	镇北堡西部影视城、贺兰山岩画、滚钟口、苏峪口、插旗口
	玉泉营高端度假区	玉泉营红酒度假小镇	玉泉营酒庄集群 ——高端度假、商务会议、雪茄馆	西夏王陵
	甘城子乡村体验区	甘城子西部风情小镇	甘城子酒庄集群 ——乡村体验、西部风情	青铜峡黄河大峡谷、甘城子遗址、鸽子山遗址、明长城遗址、广武岩画

续表

组团	小镇	酒庄集群	景区景点
石嘴山养生休闲组团	沙湖温泉养生小镇	贺东酒庄集群——红酒养生、美容SPA、心灵禅修	沙湖、星海湖
青铜峡黄河休闲组团	广武黄河生态小镇	广武酒庄集群——滨水酒庄、码头、水上观光	青铜峡黄河大峡谷、中华黄河坛、黄河楼、大禹文化园、108塔、青铜古镇、鸟岛、滨河大道、怡园酒庄
红寺堡山地运动组团	罗山山地运动小镇	罗山酒庄集群——山地酒庄、科研育种、酒厂体验、户外运动	罗山、移民博物馆

二、贺兰山东麓葡萄酒旅游核心区规划蓝图

核心区规划范围北至国道110到插旗口，南至青铜峡市库区鸟岛，西至滚苏路贺兰山沿线，东至铁路包兰线沿线，总面积约为800平方公里。核心区内酒庄众多，包括西夏王玉泉国际酒庄、张裕摩赛尔十五世酒庄、志辉源石酒庄、贺兰晴雪酒庄、巴格斯酒庄、兰一酒庄、原歌酒庄、类人首酒庄、铖铖酒庄、禹皇酒庄、德龙酒庄、贺兰神酒庄、圣路易丁酒庄、中粮云漠酒庄、北青穆兰酒庄等。同时还集中了镇北堡西部影城、西夏王陵、贺兰山岩画、苏峪口国家森林公园、滚钟口等一批类型多样的高品级景区，文化旅游资源丰富，自然景观独特。

未来，将通过3～5年的时间，把核心区打造成为贺兰山东麓葡萄酒旅游的先行示范区，整合片区内葡萄园区、酒庄、景点等资源，建设集娱乐休闲、文化体验、高端度假、商务会议、乡村体验、景区观光、生态运动等于一体的旅游优先发展核，带动贺兰山东麓葡萄酒产业带的旅游发展。

根据核心区的资源现状、开发现状等条件，将核心区布局为“一带三区”。其中“一带”为葡萄酒生态景观带，主要依托110国道两侧的葡萄种植园区，打造贺兰山东麓独具特色的绿色景观廊道；“三区”分别为镇北堡文化休闲区、玉泉营高端度假区和甘城子乡村体验区。镇北堡文化休闲区以“景区驱动”为核心发展模式，通过周边景区的旅游发展为带动，整合片区内葡萄园区和酒庄，通过3～5年的时间，把该板块建设成集娱乐休闲、文化体验、高

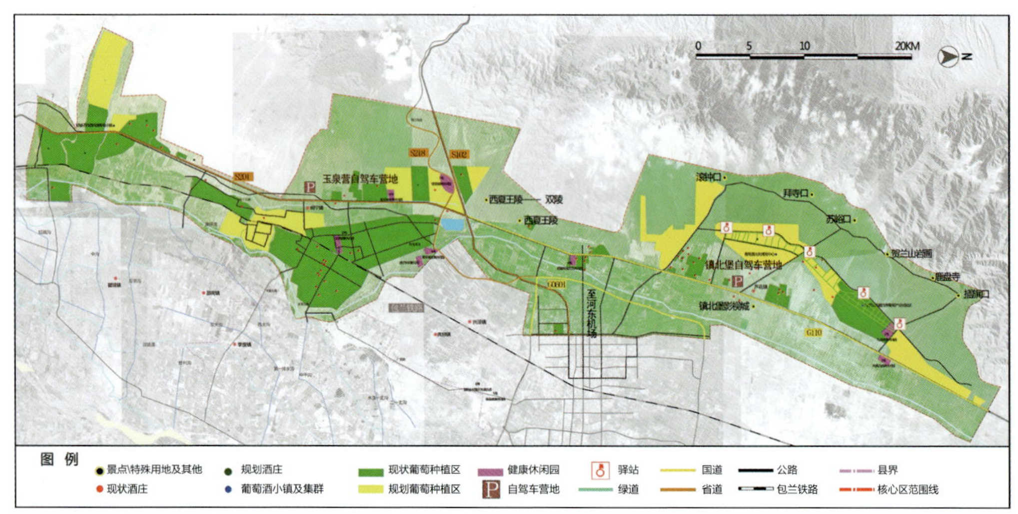

贺兰山东麓文化长廊旅游规划

端度假、商务会议、乡村体验、景区观光、生态运动等于一体的旅游优先发展核，带动贺兰山东麓葡萄酒产业带的旅游发展。玉泉营高端度假区以银川市区为依托，整合片区内葡萄园区、酒庄、景点等资源，打造集景区游览、高端度假、娱乐休闲、商务会议等于一体的高端会议度假组团。建设玉泉营红酒会议小镇，以红酒为特色的“瑞士达沃斯”小镇。将酒庄与生态体育公园、马术俱乐部、滑雪场、雪茄馆等高端休闲项目相结合，打造贺兰山东麓葡萄酒高端度假片区。甘城子乡村体验区基于甘城子地区特有的西部荒漠风情及西部乡村特色，将甘城子现有葡萄酒资源进行整合提升，建设最具西部风情的乡村休闲组团。

三大主题小镇

1. 镇北堡影视文化小镇

该小镇位于镇北堡芦花镇南侧，规划占地2000亩。其功能定位为：旅游集散、休闲度假、文化娱乐。以“红酒文化+影视文化”为主题的度假小镇，面向专业影视创作团队、大众游客、影视文化爱好者等人群，以红酒文化为特色，以美式小镇建筑为载体，主要承担旅游集散、休闲娱乐、餐饮住宿、旅游购物、葡萄酒文化体验等功能。其重点项目包括：

镇北堡西部影城游乐园：美国汽车MOTEL旅馆沿项目用地东南、靠近110国道边缘，建设30座风格各异的两层美式汽车MOTEL旅馆。简洁明快的欧式外立面设计装修，汽车主题鲜明的内部装修和设施，突显现代汽车旅游休闲生活方式。大型综合游乐场，主要是沿项目用地西侧和中部建设功能齐全、设施先进的大型综合游乐场，引入国际优秀赛犬和管理资

镇北堡西部影视城

源，建设西北首座娱乐跑狗场；购置大型电子互动游乐设施，建设区内最大电子娱乐。

红酒影视文化创意园：影视与红酒旅游联动，带来1+1>2升值效应的功能，以特色红酒影视体验构建吸引人气聚集的核心吸引物；配套影视相关上下游产业，如影视创作、影视发行等场所，构建电影创意高度集聚的中国电影产业第一高地。建设4D红酒电影体验馆、海报艺术街、电影主题酒店、婚纱摄影基地等项目。

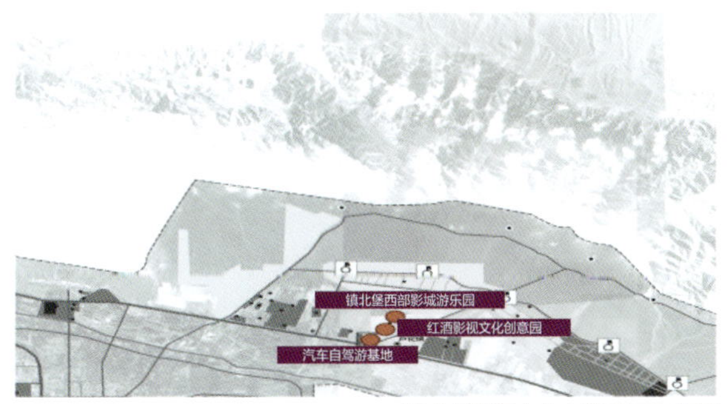

镇北堡影视文化小镇项目布点图

汽车自驾游基地：沿项目用地东侧建设汽车自驾游基地，设计户外露宿营地、汽车极限运动场，配套建设汽车维修维护中心。

2. 玉泉营红酒度假小镇

该小镇位于宁夏葡萄产业核心区玉泉营农场，规划占地2000亩。其功能定位为：综合服务、商业休闲、高端度假。针对国际葡萄酒爱好者、城市高端度假客群，打造以“葡萄酒文化展示+主题娱乐+高端度假+会议会展”为特色的葡萄酒小镇。以葡萄酒休闲为主题，以慢

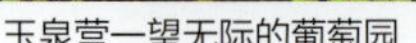
玉泉营一望无际的葡萄园

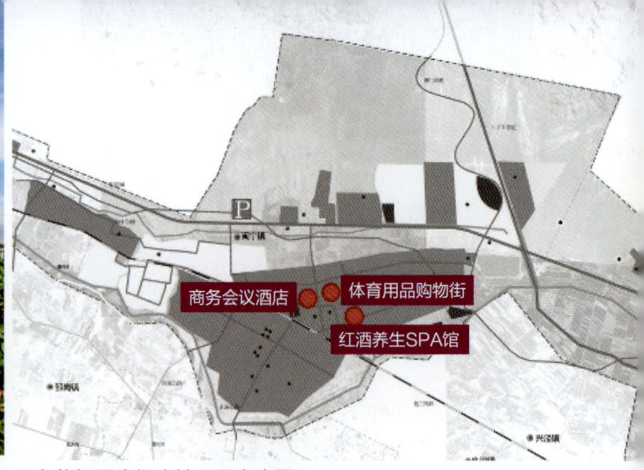

玉泉营红酒度假小镇项目布点图

生活体验为核心吸引，打造国际时尚品质生活休闲度假小镇。其重点项目包括：

商务会议酒店：酒店坐落于千亩葡萄园中，前广场是欧式古典园林景观，设计以木桶、瓶塞等物品改造的景观小品。酒店内部装饰以葡萄和葡萄酒为主题的装饰品、画作、摄影作品等为主，内有顶级豪华全景客房。酒店配套有专属酒窖、大型会议室、康体娱乐、运动休闲等服务设施。

体育用品购物街：为银川片区马术、滑雪爱好者以及全国体育爱好者提供一个体育用品大品牌的集中专业购买地，打造体育用品界的“奥特莱斯”。定期举办体育用品博览会，展示体育用品生产、流通、销售等各项功能。

红酒养生SPA馆：以红酒的理疗功能为主的特色SPA疗程，从脸部到足部，从体内到体外的养生美容、调适身心、舒解压力、物理复建等项目，让生活慢下来，享受高端养生服务，体验品质生活。

3. 甘城子西部风情小镇

该小镇位于S201省道与甘城子地区荣欣路的交汇处，规划占地1650亩。其功能定位为：文化体验、乡村美食、特色住宿。以体现贺兰山西部风情为特色，打造贺兰山东麓最具西部荒凉、贺兰风情的休闲度假小镇。在沿山公路以西规划建设50～100米宽幅林带3条，有利于进一步改善和提升葡萄产业发展的生态环境条件。其重点项目包括：

西部乡村美食馆：以西部特产为食材，特色的乡村美食做法，为游客提供独具西部特色的美食体验，同时依托酒庄的优质红酒，将西部乡村美食与红酒结合，独具特色。

黄土艺术文化体验馆：基地最多的即是无垠的黄土资源，中华黄河文明更是对黄土进行了充分的利用挖掘，各种生产生活器皿，建筑材料的应用，黄土艺术文化体验馆，向游客提供黄土的运用展示，艺术品展销，游客自己动手制作泥塑，向游客普及土壤与农作物与我们葡萄园的种植知识。

甘城子葡萄基地

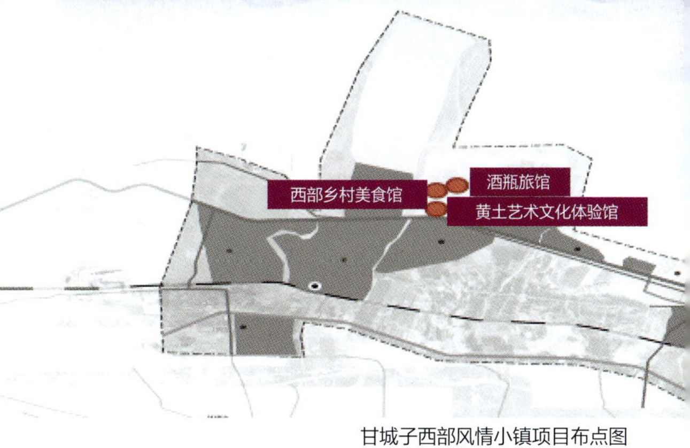

甘城子西部风情小镇项目布点图

酒瓶旅馆：在甘城子地区西部荒漠的环境中，矗立外观为真实葡萄酒酒瓶的建筑，建筑内部为旅店住宿客房，一瓶一间住房，房间编号以原酒瓶品牌命名，例如游客可选择在拉菲瓶、轩尼诗瓶、XO瓶中小住，旅馆与自身环境相结合，提取葡萄酒主题元素，给游客提供别具风味的住宿体验。

三大酒庄集群

1. 镇北堡酒庄集群

该集群位于镇北堡，其功能定位为文化体验、休闲度假。以志辉源石酒庄、贺兰晴雪酒庄为明星酒庄，规划引导建设9个示范性酒庄，平均300亩/个，附属配套艺术展厅、文化广场、餐厅等。镇北堡酒庄规划中增加音乐、涂鸦、诗韵、绘画、光影等元素，打造文化创意类酒庄集群。其重点项目包括：

志辉源石酒庄：志辉源石酒庄是西夏区红柳湾生态科普示范基地，建筑极具中国特色，将其打造成游客了解贺兰葡萄酒文化的门户型酒庄，增加餐饮、品酒、会议等旅游服务功能，作为贺兰山东麓葡萄酒的“科普中心”将酒庄建设过程中的科学技术、绿色理念、文化特色等传递给每一个葡萄酒爱好者。结合酒庄特色，增加中国茶艺展示空间，可以组织以茶品为主题的相关雅聚活动与艺术鉴赏。

贺兰晴雪酒庄：贺兰晴雪是与黄沙古渡、官桥柳色等齐名的宁夏八景之一，位于贺兰山东麓葡萄产业科技示范园内，其中每年精心生产的加贝兰干红葡萄酒分别在不同的国际国内葡萄酒大赛中荣获金奖，在2011年《品醇客》世界葡萄酒大赛中，荣获2009年最高奖项——国际特别大奖。极具贺兰酒庄之典范，是最佳的葡萄酒科普展示基地。在酒庄内增加品酒接待设施，扩大企业文化展示区域，加强对外宣传。

艺术酒庄：在葡萄酒文化休闲小镇周边建设四大艺术主题酒庄，与原有的酒庄片区形成集群，成为酒庄旅游的核心休闲片区。酒庄整体建筑风格以西部风情为主，总占地为500

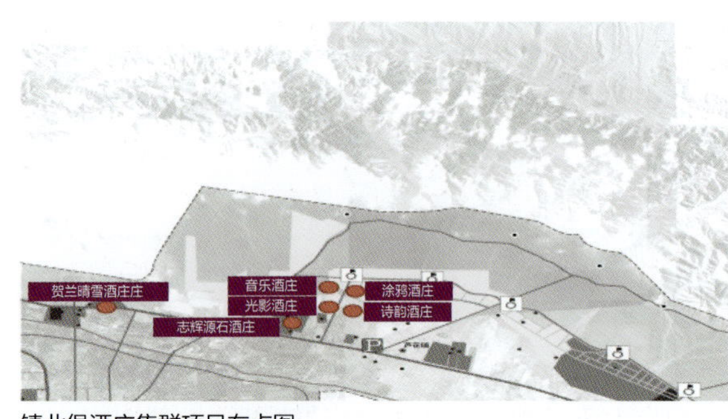

镇北堡酒庄集群项目布点图

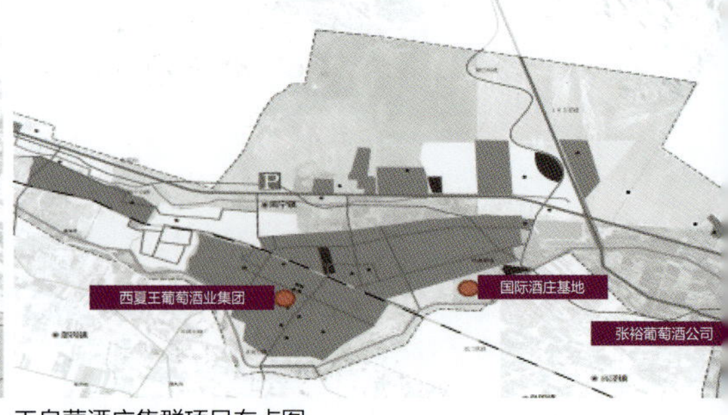

玉泉营酒庄集群项目布点图

亩，其中建筑面积为50亩，外部配套大片的葡萄园，并设计多个室外广场作为旅游活动的开展场地。

- 音乐酒庄：打造以音乐为主题的特色酒庄，把红酒和音乐结合，酒庄有常驻的爵士乐队进行日常的品酒表演，定期邀请知名交响乐团、知名爵士乐队来酒庄音乐厅举办红酒音乐会，同时刻开展红酒模特秀走秀活动。
- 涂鸦酒庄：打造以绘画为主题的特色酒庄，把红酒和绘画艺术结合，酒庄内配有画廊，邀请画家常驻酒庄写生。并定期举办涂鸦画展活动，酒庄墙壁外墙景观以壁画装饰为主。
- 诗韵酒庄：开发以诗词歌赋为主题的诗韵酒庄，将中外葡萄美酒夜光杯的展示与中外古今的美文佳作结合。开发曲水流觞游戏，不乏游戏趣味与文化氛围。
- 光影酒庄：以中式建筑为主，打造红酒特色的影视中心，具备影视后期制作、影视发行、影视发布会等功能。游客在酒庄里，可拍摄属于自己的酒庄微电影，记录自己在酒庄初识葡萄酒，品味葡萄酒的点滴。葡萄酒园里，设置天然的室外影院，游客可品尝美酒，欣赏电影。同时，酒庄可与著名电影人合作，为电影创作者提供静心创作的空间，以电影人冠名，或者举办个人影展。

2. 玉泉营酒庄集群

该集群位于闽宁镇，其功能定位为：高端度假、商务会议。玉泉营酒庄集群共建设8个示范酒庄，平均600亩/个，其中葡萄园占地500～550亩，酒庄建设占地20～50亩，附属多户型客房、多种会议室、特色餐厅、娱乐配套等设施。其重点项目包括：

国际酒庄基地：项目选址在镇北堡，规划占地2000亩。葡萄酒产业核心区内引入世界500强企业入驻，每一个企业拥有独自的葡萄庄园，邀请世界著名建筑设计师提供个性化酒庄设计，每个企业拥有独一无二的建筑风格。基地为企业提供专属定制酒庄，葡萄酒庄物业、酿酒管理统一管理，提供高品质葡萄酒，作为企业专属定制酒。为企业提供专属的培训场地、作为企业员工拓展培训基地，除了员工的职业培训外，更提供葡萄酒知识与礼仪培训；为企业提供专属会议基地，配套齐全的生态旅游资源。利用500强企业品牌效益，提高区域葡萄酒品牌知名度。国际酒庄基地与法国、意大利、澳洲、葡萄牙、西班牙、美国等十几个国家40多个原产地、61个列级庄园、近百个世界品牌合作，打造中国的世界一流规模、一流品牌、一流服务的进口酒业专业平台，对外展示中国葡萄美酒醇香的文化。酒庄与酒庄之间以葡萄园间隔，可私人或企业认购葡萄园地，由专人负责维护，园地内可种植酿酒葡萄或食用葡萄，果实为私人拥有。

3. 甘城子酒庄集群

该集群位于甘城子地区，其功能定位为：乡村体验、西部风情、休闲度假、葡萄酒展示。规划建设3个示范酒庄，酒庄平均占地面积2000亩/个，其中酒庄建筑占地20～50亩。对现有禹皇酒庄进行改造提升，作为集群明星酒庄，并建设西部乡村风情特色酒庄群。所有酒庄附属葡萄种植园、采摘园、餐厅等特色配套。其重点项目包括：

明星酒庄——禹皇酒庄：该酒庄已抢占先机，酒庄建设初具规模，酒庄建筑提取徽派建筑元素，酒庄风格具有一定特色。但该酒庄建筑精细化不足，园林景观环境品质较低，游客接待功能欠缺。禹皇酒庄按照集群明星酒庄品级进行提升，酒庄的内部环境，应考虑车辆停放需求；酒庄内部旅游功能配备，增加葡萄酒品尝，小规模住宿接待等功能，同时为突出西部乡村体验特色，增加酒庄party花园、户外餐饮区，增加葡萄园种植体验、采摘及酿酒体验项目。酒庄市场营销主打西部乡村体验特色，积极参与葡萄酒节，并运用现代网络、微博、微信等媒体宣传手段。通过提升禹皇酒庄的旅游功能配备、特色产品配套，使酒庄环境品质等方面都成为甘城子酒庄集群的佼佼者。

西部风情特色酒庄：集群内规划及在建酒庄有8个，酒庄建筑风格缺乏区域特色的统一性，酒庄内部旅游接待功能薄弱，且产品雷同，通过政府与酒庄的协议性合作与引导，统一酒庄的西部风情建筑风格，主打乡村体验娱乐项目，

甘城子酒庄集群项目布点图

成为片区内乡村体验型酒庄的代表集群。

乡村田园酒庄：整体建筑风格以乡村田园风格为主，总占地为1000亩，其中建筑面积为50亩，外部配套大片的葡萄园以及果树林木，作为葡萄园休闲旅游项目的开展空间。

西部乡村嘉年华：甘城子酒庄集群内打造独具西部风情的乡村体验活动，开发亲子耕作体验农场、农具游乐场、玉米迷宫、农田景观、农具雕塑园等体验游乐项目，共同组成集群内独特的乡村嘉年华。

葡萄采摘体验游乐园：游客可亲手采摘饱满美味的葡萄，并现场品尝或者直接订购运送，同时体验乐园更是游客亲手体验葡萄饮品制作与葡萄酒酿造的场地，是游客体验到葡萄从采摘、鲜食再到制作饮品的全过程。

六大重点项目

1. 中国葡萄酒主题乐园

项目选址玉泉营，规划占地3000亩。打造以葡萄酒文化为主题，集生态观光、主题娱乐、酿酒体验于一体的中国最大的葡萄酒主题乐园，包含红酒主题水世界、探险葡萄园、创意娱乐园、儿童乐园、酿酒体验工厂、创意酒桶度假酒店等重点项目。园区内以各种红酒创意雕塑装点，且定期举办红酒巡演。

红酒主题水世界：中心设有红酒喷泉广场喷出红色水柱，水世界的水体皆为酒红色，仿佛进入一个红酒梦幻国度。内有红酒浴场、激流勇进、魔力碗、龙卷风暴、垂直极限等以红酒文化为造型元素的水上娱乐设施。

探险葡萄园：打造一个葡萄园户外拓展训练营，内有古堡寻宝、酒窖CS、葡萄园迷宫、滚桶赛道等以葡萄酒文化为元素创作的素质拓展项目。

创意娱乐园：打造一个葡萄酒相关产品创意娱乐园区，如模拟酿酒过程接力赛、酒瓶保龄球、弹弓瓶塞射酒瓶等。

葡萄酒节狂欢出巡

儿童体验园：打造一个儿童职业体验乐园，整个园区由儿童自主管理。整个园区模拟酒庄酒厂的形态和景观，并且有模拟的工作规则和文化，在这里每个孩子都有一个自己的模拟职业，体验葡萄采摘师、酿酒师、品酒师等工作。

葡萄酒巡演：以葡萄酒相关产品打造花车巡演、酒桶舞蹈等创意表演，为园区营造隆重、热烈、欢乐、喜庆的气氛，并对当地红酒品牌起到宣传作用。

酿酒体验

酿酒体验工厂：开放式的酿酒体验工厂，从葡萄采摘、压榨、酿造、贮存，直至葡萄酒品鉴，为客人提供全方位的葡萄酒文化体验。游客体验自酿葡萄酒，可以将自己照片或者签名等印刻在酒瓶酒标上。

2. 国际会展中心

项目选址玉泉营，规划占地50亩。在葡萄酒文化博览中心内设计国际会展中心，会议中心坐落于千亩葡萄园中，内部装饰以葡萄和葡萄酒为主题的装饰品、画作、摄影作品等为主，内有顶级豪华全景客房。酒店配套有专属酒窖、大型会议室、康体娱乐、运动休闲等服务设施，为国内外红酒商务客人提供“一站式”的商务会议服务的大型会议论坛基地。

3. 世界葡萄酒文化博览园

项目选址镇北堡，规划占地50亩。在葡萄酒文化博览中心内设计世界葡萄酒文化博览馆，以世界葡萄酒文化展示为核心，通过现代声光电等技术结合文字、图片、影像、雕塑、

酒驿站设计方案

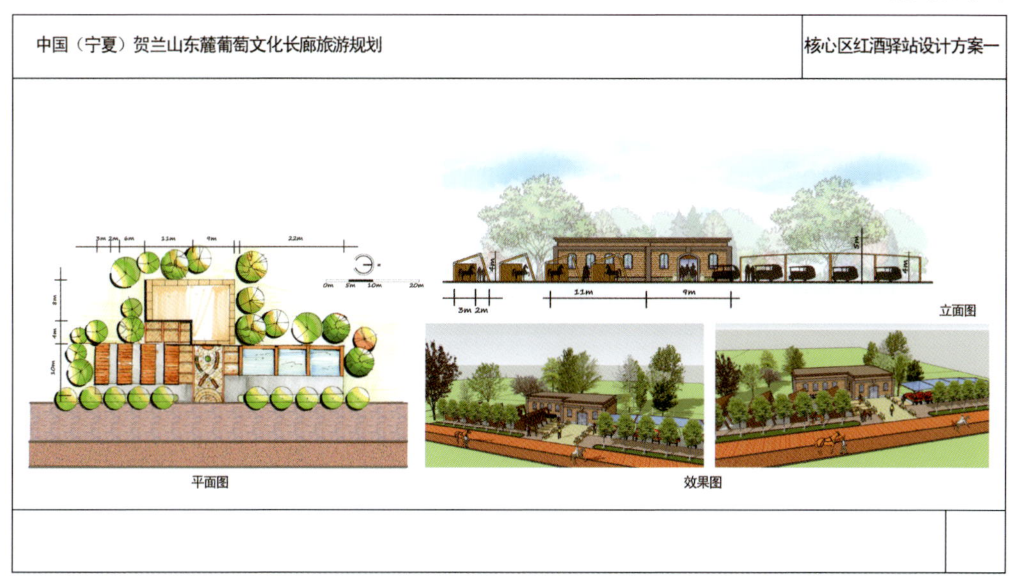

书画、实物、全息影像等形式展示世界葡萄酒发展历史和现状，通过一系列趣味生动、有科技含量的展示打造葡萄酒文化的“世博会”。

4. 生态体育公园

计划在核心区内建设多个生态体育公园，分别为贺兰山健康休闲园、森淼健康休闲园、颐和乡村俱乐部、德龙健康休闲、贺兰神健康休闲园、黄羊滩健康休闲园、农垦健康休闲园，结合已建成的九龙健康生态休闲园、天源达健康休闲园、西夏风情生态园，打造西北地区最大的生态体育公园。

5. 马术俱乐部

计划在天源达健康休闲园、西夏风情生态园、港宁休闲赛马场设计三大马术俱乐部，以马术为平台，采取会员制的经营模式，定位高端客户，向会员提供相应的服务，会员可在马会入会、寄养马匹、学习骑术、参加俱乐部组织的各类比赛，休闲游玩、接待客人、举办私人和商务活动、使用俱乐部内设施等。

6. 苏峪口滑雪俱乐部

依托贺兰山麓的冰雪旅游资源，进行复合开发、综合利用山体优势，走主题化、风情化、趣味化路线，建设与自然相融的北欧风情标准型滑雪场。此为主要的冬季旅游项目。具备200米初级滑道、600米中级滑道及1000米高级滑道。定期承办赛事，吸引专业滑雪运动员及滑雪爱好者。配套建设度假酒店、餐饮娱乐中心等。大众娱乐区设置滑冰、狩猎、雪橇、雪地摩托等配套冰雪游乐项目，进一步增加雪场旅游区的旅游服务功能，增强旅游市场的吸引力。夏季可以考虑复合开发，把雪场变成滑草场，开滑草游乐项目，避免雪场的闲置。

三、石嘴山养生休闲组团旅游规划蓝图

以石嘴山山水资源为核心，以良好的养生资源为基底，整合周边景区及特色酒庄资源，打造集山水观光、滨水度假、温泉康体养生、水上娱乐、温泉度假等功能于一体的养生休闲组团。规划将沙湖温泉小镇作为该片区的主基地，建设旅游综合服务中心、温泉酒店、特色商业街、奢侈品购物街；以星海湖为副基地，设置旅游集散中心，成为石嘴山北部片区的旅游集散枢纽。其重点项目包括：

1. 沙湖温泉度假区

围绕沙湖景区及独特的地热资源打造开发与温泉养生相关的旅游休闲产品。集中建设温泉度假酒店、温泉地产、温泉养生馆、奢侈品购物商街等重点旅游项目，打造沙湖温泉养生度假

石嘴山星海湖全貌

区。通过对沙湖景区与温泉小镇的共同开发，形成景区+小镇度假的组合式旅游发展空间。

沙湖温泉小镇：利用现有沙湖水镇，以温泉休闲为核心，打造沙湖温泉小镇，兼具游客集散、商业休闲、温泉养生等功能。随着温泉小镇的建成和招商运营，引入餐饮、购物、酒店、茶座、酒吧、咖啡厅、会所等各种休闲业态。在温泉小镇发展和人气汇聚的基础上，扩大商业街区规模，吸引更多的高端品牌聚集，包括大型购物中心、汇集全球世界名表、著名时装设计品牌及高级精品等，大部分店均以旗舰店形式经营，形成旅游休闲新地标。

温泉度假酒店：为养生度假游客提供住宿接待服务，酒店客房以家庭式的温泉客房和复式小套房为特色，客房内配置观景温泉浴室。

温泉理疗馆：立足于温泉的康体疗养功能，规划SPA风情区、标准温泉游泳池、温泉水疗中心、保健按摩中心等。同时利用沙湖中含有钙、镁、钾、钠、硒、锌、锶等微量元素及丰富的磁铁矿物质的沙，建设沙疗养生馆。

温泉主题地产：生态温泉地产的开发在不影响沙湖核心景区的前提下，主要以低密度、低数量、好景观、好视线为原则，结合区内优良的自然生态景观以及地下温泉的引入，打造具有高品质的旅游温泉地产。

2. 星海湖休闲度假区

以星海湖为代表的大武口区丰富的山水资源为依托，形成游览、娱乐、度假、避暑、疗养为一体的综合型度假区。规划项目包括：

星海湖葡萄酒国际度假城：项目地位于城市旅游发展的核心地区，规划将其建设集观光游览、文化体验、健身娱乐、休闲度假等多功能于一体的旅游地区，最终将其打造成尊享浪漫的葡萄主题度假目的地、产业转型和生态发展城市名片和贺兰山东麓葡萄产业发展的北极星。

滨水酒吧街：以创新性商业为主体，以创造都市滨湖健康生活为梦想，通过引入星海湖水形成多条特色水系，以“临水独栋+外摆空间+穿街水道”的开放式空间组合，营造出小桥流水、枕河听橹的诗情画意，打造具有塞外水乡风韵的滨水酒吧街。精选荟萃了世界各地的佳肴美馔、宁夏红酒、音乐风情的酒吧街构建新型城市休闲娱乐空间，成为宁夏全新的娱乐湾、潮流区、不夜城。

垂钓俱乐部：建立钓鱼组织和活动制度，通过不同宣传手段及虚拟网络平台等多种形式招募会员，利用大武口地区丰富的水资源建设可承接大型比赛的淡水鱼垂钓专用场地。建设垂钓俱乐部，聘请国家级钓鱼裁判员，吸引全国喜爱钓鱼运动的游客。

太公全鱼馆：设计以高贵古典、宏伟轩昂为基调，主要经营以宁夏水域为主产区的原生态高中档淡水鱼系，以高档粤菜、精品湘菜为辅，以新、奇、特为基本要素，怪、邪、毒为菜肴创意，集视、味、感、听四位一体为食客提供一个赏鱼、品鱼、论鱼的绝佳环境，“一品宁夏鱼滋味，尽览文韬武略风”。

星海奇幻秀场：开阔水域上设计大型水上舞台，打造一台“西夏传奇”水上实景演出，定期举办各类主题型水上秀场，成为夜间旅游亮点。可组织和开展各类主题活动，营造城市度假氛围，成为城市旅游热门景点。

水上运动基地：原有水上运动基地基础上，增加系列惊险刺激的大型水上运动项目，可承办培训、比赛等活动。建设西北地区最大的室内外相结合的水上乐园，开展大众水上休闲项目。设计与建造一系列高科技设施和运动场馆，以极限体验为特色，开展多样运动项目。满足市民和游客亲子运动、消暑度假、休闲娱乐的需求。

3. 贺东酒庄集群

以贺东庄园为明星酒庄，规划引导建设8个特色酒庄，平均600亩/个，其中葡萄园占500～550亩，酒庄占地20～50亩，并建设相应的配套设施，建设集康体养生+心灵禅修+美容护肤+健康膳食为一体的健康养生型酒庄集群。规划项目包括：

红酒水疗馆：以红酒养生诠释水疗新理念，利用红酒的浓缩成分，可以滋润肌肤、舒缓心情。尤其适合秋冬季，红酒成分很温和，所有人群都可以选用，对年龄和肤质都没有挑剔，特别是感觉压力大、身体紧绷、肌肤发黄衰老的消费群。

葡萄酒美容中心：葡萄籽对由大量辐射（吸烟、污染和日照）引起的皮肤损伤有高效的平复作用，同时具有抗衰老、均衡肤色的效果。可研发多种相关美容食品及外用保养品供游客选购，并有专业皮肤顾问针对不同肌肤问题给予全面美容护肤指导。开发产品有葡萄精油、葡萄籽精华素、葡萄香薰皂等。

红杞养生堂：规划体检中心既直接面向终端消费者提供全面健康管理服务的“一站式”健

红酒SPA

葡萄籽精油洁面皂

康管理服务银行平台。以宁夏枸杞、红酒为主题集个人传统养生、现代营养、饮食营养、文化养生为一体的养生会所。通过系列化的课程让游客通过自我调节，从营养的配餐到私人的健康服务，为游客提供最科学的保健食疗养生方法。

葡提禅修苑：贺东庄园集群位于北武当山下，可将北武当山的宗教文化引入结合葡萄酒养生文化开发禅修养生类项目，以“禅修”为主题的养生会馆，定期举办葡萄酒养生知识讲座，可保健养生、净化心灵、强身祛病、延年益寿。坐禅入定，即气功，能调身、调气、静坐息心，具有强身健体、祛病延年的功效。利用葡萄园内幽静的环境，形成多个禅修区，打造心灵禅修的氛围。

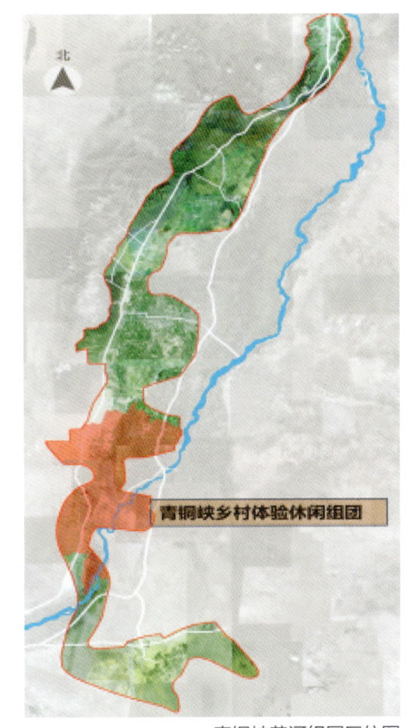

青铜峡黄河组团区位图

四、青铜峡黄河休闲组团旅游规划蓝图

依托青铜峡市广武地区黄河生态环境及黄河大峡谷景区的独特资源，打造集黄河文化体验、滨水生态休闲于一体的

青铜峡黄河大峡谷（马金福 摄）

旅游休闲组团。其重点项目包括：

1. 广武黄河生态小镇

紧邻广武酒庄集群，建设具有黄河生态特色小镇，具有综合服务和旅游集散中心的功能。小镇规划建设游客服务中心、黄河文化活动广场、黄河文化纪念商品街、黄河美食馆、黄河生态客栈、黄河水岸酒吧街、黄河峡谷汽车营地、黄河水廊码头等。

游客服务中心：建设具有黄河水岸特色的服务中心，为游客提供旅游向导、交通线路咨询服务、汽车、自行车等交通工具租赁服务。服务中心成为旅游接待中心、旅游咨询中心、游客集散中心。

黄河文化活动广场：小镇入口处，结合旅游综合服务中心，设计文化活动广场，围绕区域的黄河文化、边塞文化、西夏文化的主题，开展多种文化主题活动，文化活动广场作为各种文化活动的场地。例如黄河文化节、民俗文化节、西夏文明艺术节等，通过节庆活动，突出小镇的文化氛围。

宁夏文化纪念商品街：小镇内开辟一条具有宁夏特色的文化纪念商品街，作为宁夏特有的集穆斯林文化、西夏文化、边塞文化、黄河文化于一体的特色文化纪念商品的展览销售，并穿插文化艺术表演，体现宁夏独有的文化氛围。

黄河美食馆：小镇内开辟黄河特色美食馆，就地取材，食材原料取自黄河水中及岸上农副水产品，经过加工作为当地特色美食产品，作为小镇的基本饮食配套，满足游客的休息与饮食需求。

黄河生态客栈：依托黄河水岸资源，引入高品质品牌客栈，完善住宿配套设施，作为片

青铜峡108塔

区内核心住宿接待，客栈装修风格以黄河生态为主题，内部装修运用不同文化的元素。

黄河水岸酒吧街：突显黄河水岸特色的酒吧街，以黄河岸为背景，体验不同的夜间休闲娱乐活动。

黄河谷地汽车营地：针对自驾车游客，设计汽车营地，增加户外烧烤等休闲活动，打造独具特色的汽车营地。

黄河水廊码头：作为与黄河大峡谷景区水路连接，将广武酒庄集群的资源与黄河大峡谷景区风光进行结合串联，做到酒庄与集群联动，增加游线的丰富性。

2. 广武黄河生态葡萄酒庄集群

依托黄河生态资源，围绕黄河文化主题，突出黄河文化的特色，体现河岸酒庄的独特性，打造贺兰山东麓唯一滨河酒庄集群。与区域内的黄河观光旅游项目紧密串联，使集群成为一个必游景点。设置酒庄渡口，作为水路进入酒庄集群片区的入口，同时将水体引入酒庄集群中，酒庄设置专属码头，成为整个贺兰山东麓唯一可水路游览的葡萄酒庄集群。规划项目包括：

黄河生态葡萄酒庄园：广武地区现有成熟葡萄酒庄较少，利用后期整体开发引导，遵循葡萄酒庄旅游合理开发的基本原则，尊重广武地区黄河生态的资源特点，突出黄河生态酒庄特色，突显区域酒庄集群的生态型滨水特色；酒庄内设置葡萄酒旅游接待的配套功能，同时开发滨水休闲、水路游览等黄河特色产品，酒庄打造片区内唯一滨河酒庄集群。

葡萄酒庄渡口：设置酒庄渡口，可通过黄河水路往返于酒庄集群与黄河水道各个景点之间。广武地区葡萄酒酒庄集群作为片区内唯一拥有酒庄渡口的集群，未来也会将渡口引入到每个酒庄，成为片区内唯一的水路游览葡萄酒庄的特色游线。

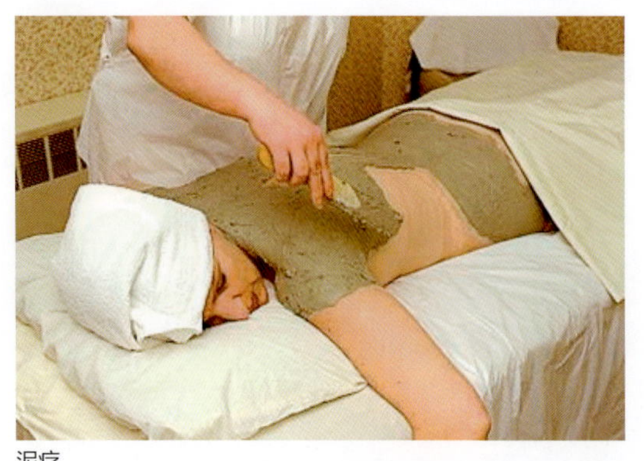
泥疗

酒庄黄河泥疗馆：集群所在黄河金沙湾可就地取材开发黄河泥疗馆增加于酒庄之中，成为酒庄特色吸引项目。

水岸葡萄酒美食体验馆：酒庄内部配备美食体验馆外，可将美食体验延伸至水岸甚至水上，葡萄酒与美酒的完美搭配，再配以水岸的独特环境，更添体验魅力。

水岸葡萄酒园骑行驿站：集群内设置独有的水岸葡萄园骑行，结合葡萄园的优美景观与河谷生态的自然环境，给游客提供特色骑行感受。

长城边塞文化体验馆：广武地区境内明代嘉庆年间修建的古长城，因年代已久，大部分已坍塌，但长城最北端的北岔口一段却保存较好，是迄今宁夏境内明代长城保存最完整的一段，以此作为环境基础，建设长城边塞文化体验馆，通过现代声光电等科技手段向游客展示古代戍边将士边塞生活，并结合名人故事向游客讲述遥远的边塞故事。

五、红寺堡山地运动组团旅游规划蓝图

以罗山自然保护区为依托，打造集鲜食葡萄采摘体验、葡萄休闲娱乐、葡萄酒科研教学、山地拓展休闲于一体的山地缓坡葡萄酒生态旅游休闲片区。规划项目包括：

1. 红寺堡山地运动小镇

小镇围绕山地葡萄酒旅游主题，作为区域内旅游的综合服务集散中心，向游客提供区域葡萄酒旅游线路介绍及旅游景点介绍的服务。小镇建设风格以创意创新的现代建筑为主调，以罗山户外山地运动俱乐部、山地运动商品街、山地运动广场、山珍馆、创意酒店等为综合吸引力，将小镇打造成区域独有的山地运动休闲基地。规划项目包括：罗山游客服务中心、罗山山地运动广场、罗山户外山地运动商品街、罗山户外山地运动俱乐部、穆斯林美食街、罗山葡萄酒山地创意酒店等。

罗山游客服务中心：主要以游客的综合服务为主要功能，承担游客集散、咨询、导游服务的功能。

罗山山地运动广场：位于小镇入口处，结合旅游综合服务中心，设计活动广场，将成为

山地运动赛事的活动场地。

罗山葡萄酒山地创意酒店：依地势建造创意酒店，与山地缓坡地形融合，山地创意酒店将承担片区内核心住宿功能，酒店客房以半山别墅以及依缓坡山势而建的客房建筑形式为主。

罗山户外山地运动商品街：作为山地运动基地的小镇，在其内开辟山地运动商品一条街，集中销售户外山地运动商品。

罗山户外山地运动俱乐部：设置专业户外山地运动俱乐部，开展山地攀岩、山地极限、山地徒步、山体探险等运动培训及交流活动，为游客提供专业的运动健康知识培训，定期组织山地运动比赛等相关活动。

穆斯林美食街：配套建设宁夏特色的穆斯林美食街，以纯正的清真美食为吸引，将穆斯林餐厅与特色商品购物店结合，形成小镇内餐饮与特色购物的商业配套。

2. 罗山山地生态创意葡萄酒庄集群

规划建设30个酒庄，酒庄平均占地面积2000亩每个，其中酒庄建筑占地约20~50亩，承担集群内的葡萄酒旅游接待、参观、体验等功能。邀请国内外建筑设计师进行设计，酒庄建筑形态各具特色，形成独具特色的现代创意型葡萄酒庄建筑集群。以山地缓坡酒庄的独特性，打造独有的山地葡萄园，并开发山地户外运动项目，成为贺兰山东麓以特色山地运动为主题的葡萄酒庄集群。规划项目包括山地创意葡萄酒庄、汉森酿酒厂、葡萄酒研究培训中心、葡萄采摘体验游乐园、山地葡萄酒骑行基地、山地户外露营基地等。

山地创意葡萄酒庄：挖掘移民文化的包容性，配以酒庄各具特色的现代创意建筑设计，共同组成集群的独特吸引力，每一座酒庄邀请国内外知名设计师进行设计创意，每个酒庄都是一件现代艺术品，同时也是颇具景观性的山地葡萄园。

基地内现已形成一定规模的葡萄酒加工酒厂，未形成成熟的葡萄酒庄园，按照发展思路，罗山葡萄酒集群内的酒庄，将会成为全国乃至全世界的特色酒庄，酒庄建筑的艺术性将大放异彩，同时需要区域协作共同打造罗山葡萄酒的品牌。

宁夏罗山自然保护区

汉森酿酒厂：汉森葡萄酒厂现在已初具规模，已有意向游客开放展示。对酒厂环境进行整体提升，向游客展示现代酿酒工业的科技性与安全性，引导酒厂提供葡萄原液的品尝与销售。

葡萄酒研究培训中心：基于红寺堡适宜的葡萄生长环境，集群内建设葡萄酒研究中心，对葡萄种植技术、品种培育、酿酒技术进行研究，与国际研究中心交流合作，对酒庄进行培训指导。

同时葡萄酒研究中心拥有自己的葡萄实验园与葡萄酒酿造工厂，也可为游客提供现场观摩学习葡萄种植与葡萄酒酿造的相关知识，游客即可现场对葡萄品种与种植有直观的学习机会，对酿酒工艺有手把手的教学体验。

山地骑行体验基地：基于区域山地缓坡条件，结合集群独有的山地葡萄酒园景观，打造山地葡萄酒自行车骑行及马匹骑行体验基地。

山地户外露营基地：利用罗山山地特有的山地缓坡资源，开辟露营基地，罗山的生态景观与山地环境相结合，背靠罗山，面朝山地缓坡葡萄园，打造特色山地户外露营基地大罗山山地运动休闲区。

3. 大罗山山地运动休闲区

充分挖掘罗山生态旅游资源，改变区域内旅游项目较少状况，开发具有地方特色的旅游项目。利用区域优质葡萄种植自然环境，以移民文化为依托，挖掘移民艰苦奋斗的冒险精神，开发户外运动为特色的休闲旅游景区。将山地运动休闲区与山地葡萄酒庄集群进行结合发展，做好酒庄与景区的合理发展。规划项目包括移民文化博物馆、山地户外活动基地、罗山猎场、低空飞行及山地滑翔训练基地、移民旧址参观、罗山山地汽车基地等。

移民文化博物馆：对现有博物馆进行整合改造，做好旅游宣传与接待提升，采用声光电等现代科技手段，向游客立体展示移民的历史，弘扬移民文化中开拓奋斗的精神。

山珍馆：就地取材，生态有机种植作为小镇野味餐厅的主要食材来源，并以此作为小镇餐饮核心特色，让游客体验最为原汁原味的野味大餐，并向游客提供高品质的葡萄酒品尝，将山珍野味与红酒搭配，向游客奉上一份味觉盛宴。

山地户外活动基地：罗山特色的山地运动环境，开发山地运动基地，集攀岩、拓展训练、山地徒步、山地探险等户外活动于一体，为山地户外活动更添趣味体验。

罗山猎场：对现有罗山猎场进行改造，人工饲养加野生动物资源，开发原始狩猎与现代狩猎项目，使游客体验狩猎乐趣，了解狩猎文化。

移民旧址参观：参观罗山内的移民旧址，感受移民艰苦生活点滴，体会移民艰辛历史的过往。

罗山山地汽车基地：基地将作为山地汽车运动的训练体验基地，组织山地汽车的体验、比赛交流活动，同时针对自驾车游客，基地内设计山地汽车营地，露营场地依靠罗山自然保护区。

恢弘的画卷已经铺展开来！独一无二的自然生态环境，政府的不断引导和旅游人的不懈努力，让世界的目光聚焦到了宁夏，定格在了贺兰山东麓这片神奇的土地。这里的人们，正以饱满的热情和辛勤的付出，迎接着一个又一个的挑战。不久的将来，贺兰山东麓葡萄文化长廊定将成为名副其实的旅游新高地，吸引着四面八方游客的到访！

贺兰山东麓葡萄文化旅游长廊欢迎您！

致谢

本文插图、相关资料主要由宁夏回族自治区旅游局、宁夏回族自治区葡萄花卉产业发展局、北京巅峰智业旅游文化创意股份有限公司提供，深表感谢！